职业教育汽车类专业"十三五"系列教材

主　编　张启友
副主编　郭治富　李盛福
参　编　李克义　李云星　刘利清　郭文龙
　　　　潭建鹏　赵孝国　释　甲　姜作升
　　　　于海霞　车丽娟　高洪锁

汽车钣金修复工艺

本书是在各职业院校积极践行和创新先进职业教育思想和理念，深入企业调研，结合各学校教学及学生实际的情况下，由山东省职业院校汽车类专业建设指导委员会牵头组织编写而成。本书共分七个单元讲述汽车钣金修理的基本知识和基本操作技能，以职业能力为本位，以应用为核心、以"必需、够用"为原则，适合"理实一体化"的教学。本书主要内容包括：汽车钣金工艺安全知识、车身修理基础知识、汽车车身结构、汽车车身材料、汽车车身损伤分析、汽车车身板件修复、汽车车身焊接工艺。

本书可作为职业院校汽车类专业的教学用书，也可作为汽车企业的培训资料。

为方便教学，本书配有电子课件，凡选用本书作为授课教材的教师均可登录 www.cmpedu.com 注册后免费下载，或咨询编辑电话：010-88379201。

图书在版编目（CIP）数据

汽车钣金修复工艺/张启友主编 .—北京：机械工业出版社，2018.3（2025.7 重印）

职业教育汽车类专业"十三五"系列教材

ISBN 978-7-111-59175-7

Ⅰ.①汽… Ⅱ.①张… Ⅲ.①汽车-钣金工-职业教育-教材 Ⅳ.①U472.4

中国版本图书馆 CIP 数据核字（2018）第 031132 号

机械工业出版社（北京市百万庄大街22号　邮政编码100037）
策划编辑：师　哲　责任编辑：师　哲　张丹丹
责任校对：王明欣　封面设计：张　静
责任印制：邓　博
北京中科印刷有限公司印刷
2025年7月第1版第8次印刷
184mm×260mm・10.5印张・248千字
标准书号：ISBN 978-7-111-59175-7
定价：45.00元

电话服务　　　　　　　　　网络服务
客服电话：010-88361066　　机　工　官　网：www.cmpbook.com
　　　　　010-88379833　　机　工　官　博：weibo.com/cmp1952
　　　　　010-68326294　　金　书　网：www.golden-book.com
封底无防伪标均为盗版　　　机工教育服务网：www.cmpedu.com

山东省职业教育汽车类专业
课程改革成果教材编写委员会

主　任	魏荣庆	德州交通职业中等专业学校
	李玉明	德州交通职业中等专业学校
	高卫东	烟台理工学校
	任云杰	潍坊商业学校
副主任	陈　键	济南英创天元教育科技有限公司
	李守贵	临沂工业学校
	刘海峰	山东交通技师学院
	邱志干	山东省枣庄市台儿庄区职业中专
	牟善伟	青岛交通职业学校
	闫　斌	高唐职教中心
	汤华波	威海海洋职业学院
	张洪军	济南第九职业中等专业学校
	赵俊山	济南第九职业中等专业学校
	王化中	聊城技师学院
成　员	杜海涛	淄博机电工程学校
	丁绍伟	烟台理工学校
	付　清	聊城技师学院
	高洪锁	高唐职教中心
	李　强	高唐职教中心
	骆洪山	临沂工业学校
	刘贵森	山东交通技师学院
	明　波	滕州市中等职业教育中心
	瞿忠军	德州交通职业中等专业学校
	王　健	聊城技师学院
	王圣利	德州交通职业中等专业学校
	徐　辉	枣庄职业中专学校
	尹子龙	滨城区职教中心
	于　辉	鄄城职业中专学校
	徐国众	曲阜中等专业学校
	张启友	威海海洋职业学院
	张　炜	青岛交通职业学校
	赵　福	烟台理工学校

前言 preface

本书结合我国汽车车身修复专业领域技能型紧缺人才需求的实际情况，借鉴国内外先进的职业教育理念、模式和方法，并参照相关的国家职业标准和行业的职业技能鉴定规范及中级技术工人等级考核标准，对车身修复的教学内容和教学方法进行了大胆的改革。

本书是由从事多年职业教育教学工作的一线骨干教师和学科带头人通过企业调研，对汽车钣金工岗位群职业能力进行分析，研究总结汽车车身修复人才培养方案，并在企业、行业专家参与下编写而成的。

本书坚持"以服务为宗旨，以就业为导向"的办学思想，突出了职业技能教育的特色。本书的主要特点如下：

1. 在编写理念上，根据职业院校学生的培养目标及认知特点，打破了传统的理论—实践—再理论的认知规律，代之以实践—理论—再实践的新认知规律，突出"做中学，学中做"的新教育理念。

2. 在编写体例上，打破了原有的"以学科为中心"的课程体系，建立以工作过程为导向、以工作任务为引领的课程体系，力求培养学生的职业素养和职业能力，并把培养学生的职业能力放在突出位置。

3. 在内容的安排上，以企业产品为基本依据，以项目为载体，从易到难，循序渐进。书中所选用的图例直观形象，好教好学，内容紧扣主题，定位准确。

4. 在教学思想上，坚持理论与实践、知识学习与技能训练一体化，强调实践与理论的有机统一，技能上力求满足企业用工需要，理论上做到适度、够用。

5. 在教学评价上，坚持过程评价和成果评价相结合，即对学生在学习每个单元过程中的表现和最后的实训成果进行评价，评价要求明确、直观、实用，可操作性强，可以很好地调动学生的积极性。

全书分为七个单元，每个单元包括几个课题，每一个课题围绕实际的工作任务展开，便于调动学生自主学习和实践的积极性。

本书由张启友任主编，郭治富、李盛福任副主编。参与编写的还有李克义、李云星、刘利清、郭文龙、潭建鹏、赵孝国、释甲、姜作升、于海霞、车丽娟、高洪锁。

在本书编写过程中得到很多职业学校、企业、社会能工巧匠的支持和帮助，并提出不少宝贵意见，在此表示感谢。

由于编者水平有限，书中难免有错漏之处，敬请读者批评指正。

编　者

目录 contents

前言

Chapter 单元一 \ 汽车钣金工艺安全知识

课题一　车身维修车间的布置 …………………………………………… 2
课题二　车身维修消防、电气和防护知识 ……………………………… 3
课题三　工具设备安全使用 ………………………………………………… 6

Chapter 单元二 \ 车身修理基础知识

课题一　各种钣金修理工具的使用、维护方法及操作安全 ……… 11
课题二　汽车钣金修复常用的动力工具 ………………………………… 21
课题三　绘制手工成形作品（洒水壶）的展开图 ……………………… 23
课题四　制作洒水壶 ………………………………………………………… 27

Chapter 单元三 \ 汽车车身结构

课题一　汽车车身的发展历程 …………………………………………… 38
课题二　汽车车身分类 ……………………………………………………… 41
课题三　汽车车身结构 ……………………………………………………… 48
课题四　轿车车身的组成 …………………………………………………… 52

单元四 汽车车身材料

课题一　车身用钢板的特性及分类 …………………………………… 61
课题二　铝板及非金属材料 ……………………………………………… 65

单元五 汽车车身损伤分析

课题一　车身损伤的种类 ………………………………………………… 70
课题二　车身碰撞损伤变形的特点 ……………………………………… 74
课题三　车身测量技术 …………………………………………………… 79

单元六 汽车车身板件修复

课题一　车身钢板维修基础知识 ………………………………………… 85
课题二　手工整形工具选择和使用 ……………………………………… 95
课题三　锤子与顶铁配合整形工艺 ……………………………………… 99
课题四　车身钢板整形相关知识 ………………………………………… 104
课题五　车身钢板机械整形工艺 ………………………………………… 109
课题六　缩火作业相关知识 ……………………………………………… 114
课题七　车身钢板缩火工艺 ……………………………………………… 116
课题八　车门外板维修 …………………………………………………… 120
课题九　前翼子板维修 …………………………………………………… 127
课题十　铝板件的修复 …………………………………………………… 130

单元七 汽车车身焊接工艺

课题一　Q235 钢板对接平焊 …………………………………………… 137
课题二　气体保护电弧焊 ………………………………………………… 146
课题三　电阻焊 …………………………………………………………… 152

参考文献 ……………………………………………………………………… 159

单元一

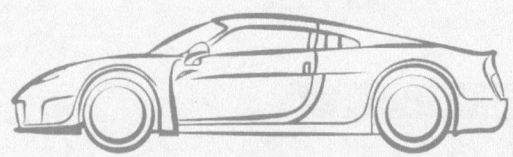

汽车钣金工艺安全知识

学习导入

完成本单元学习后,你应能:
1. 知道车身维修车间的布置及区域划分;
2. 熟知车身维修车间的安全事项;
3. 能按要求进行设备的使用与安全维护。

课题一　车身维修车间的布置

学习目标

1. 熟悉车身修复车间的布置。
2. 初步了解车身修复所需要的设备。

一、工作区布置

车身维修车间工作区域分为车身修复工作区域（钣金工作区）和涂装工作区域（喷涂工作区）。主要在这两个工作区完成车身修复和涂装两项工作。

车身维修车间的工作区又根据生产需要划分为几个工位。工位之间相互联系也相对独立。车身修复工作区一般分为钣金加工检查工位、钣金加工校正工位、车身校正工位和材料存放工位。车身涂装工作区一般分为涂装准备区和喷漆区，涂装准备区设有检查工位、打磨工位和调漆工位等。

在车身修复工作区域要完成事故车辆的检查、车辆零部件的拆卸、板件维修、车身测量校正、车身钣金更换和车身装配等工作，图1-1所示为钣金整形机。

车身校正工位是车身修复工作区最重要的工位，同时也是完成工作量最多的工位。此工位要放置一台车身校正系统。车身校正系统长度一般为5～6m，宽度一般为2～2.5m，要具备足够的操作空间。在车身校正系统周围至少要有1.5～2m的操作空间，因此，车身校正工位的长度一般为8～10m，宽度一般为5～6m。图1-2所示为车身校正仪。

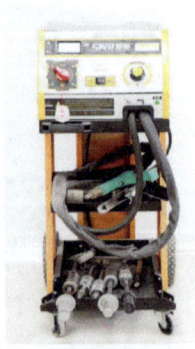

图1-1　钣金整形机

图1-2　车身校正仪

二、气路和电路的布置

车身维修车间内压缩空气的压强一般为0.5～0.8MPa。一般车间要有一个压缩空气站或空气压缩机，各个工位要有压缩空气接口，管路要沿墙壁布置，布置高度不超过1m，也可布置在靠近车间顶板的位置。每个工位至少要留出2个接口，并安装开关，采用快速接头。

车身维修车间的用电量很大,一般都不小于15A,而大功率的电阻点焊焊接电流一般在30~40A范围内,所以要在车间校正工位附近设置一个专用的配电箱,供车身修复焊接用电,配电箱的位置距离车身校正系统不能超过15m,防止过长导致线路过热。

课后习题

1. 车身修复工作区一般分为哪几个区域?
2. 车身校正系统放置有什么要求?
3. 车身修复车间对气路和电路的布置有什么要求?

课题二 车身维修消防、电气和防护知识

学习目标

1. 掌握必须够用的车身修复消防知识。
2. 掌握正确的车身修复防护知识。

一、消防安全

1. 消防设施

消防设施,是指火灾自动报警系统、自动灭火系统、消火栓系统、防烟排烟系统以及应急广播和应急照明、安全疏散设施等。

燃烧的三个基本要素是热量(温度)、易燃物和氧气。只要这三个要素中有一个缺失就能熄灭火焰,阻止火灾的发生。在车间一般要配备水龙头、防火砂和灭火器等消防设施。干粉灭火器一般用于扑灭易燃物、易燃液体和电气火灾,车间应配备足量的、性能完好的干粉灭火器,并保证使用方法各个员工均能掌握。灭火器应该定期进行检查、定期重新加注灭火剂,如图1-3所示。灭火器要摆放在车间的固定位置,并设有明显的标志。

2. 车间防火注意事项

车身维修车间有(如汽油、油漆等)各种易燃品。在操作过程中也经常产生明火,极易造成火灾。因此在车身维修操作时要注意以下防火事项:

1) 车身维修车间禁止吸烟。
2) 不能将火柴或打火机等火种带入车间。
3) 进行焊接或切割作业的时候,高热量的火星可飞溅到很远,因此,不要在存有油漆或易燃的液体材料附近进行切割或焊接作业。
4) 易燃材料要专人妥善保管,不要有泄漏现象。

5）燃油箱要在作业前排空后拆下，彻底清洗确认无残油，敞开油箱盖谨慎施焊，必要的时候要用湿布将油箱的修理部位进行冷却。

6）为了防止电气火灾，在进行电气作业或车身作业前，要断开蓄电池。

7）注意在内饰件附近进行切割或焊接时，要防止内饰件被点着。适当的用湿布遮盖，同时要在旁边准备一桶水和一个灭火器。

8）气瓶要放在离火源较远的地方，不得在太阳底下暴晒，不得撞击，所有氧焊工具不得沾上油污和油漆，并要定期检查焊枪、气瓶、表头和气管，以防漏气。图1-4所示为二氧化碳（CO_2）气体表头。

图1-3　灭火器

图1-4　二氧化碳（CO_2）气体表头

9）搬运氧气瓶及乙炔气瓶时必须使用专门搬运小车，切忌在地上拖拉。

10）进行氧焊点火时先开乙炔气阀后开氧气阀，熄火时先关乙炔气阀，发生回火（回燃）现象时应迅速卡紧胶管，先关乙炔气阀再关氧气阀。

11）一旦发生火灾，要冷静处理，采取必要的措施进行扑救，同时及时拨打火警电话报警。同时要注意及时撤离火灾现场。

二、电气安全

1）车身维修作业过程中，要经常使用电动工具，利用交流电的时候较多。为了保证用电安全，在维修和使用设备和工具时，必须先断开电源，否则会有电击危险，严重的可能造成人员死亡。在操作过程中，必须保持地面干燥，发现有导线漏电，应及时进行修复或更换。应该确保电动工具和设备的电源线正确搭铁。如果电源线中的搭铁插头断裂，则应更换插头后再使用工具。

2）注意安全牌的提示。如"当心触电""注意安全""禁止烟火""禁止开动"等。蓄电池室门上挂有"禁止烟火"的标牌。仔细阅读设备和工具的使用说明书，正确进行导线连接，按说明书的要求进行使用。

3）注意安全距离。安全距离是指在各种工作条件下，带电导体和周围的搭铁体、地面、不同相的带电导体以及工作人员之间，必须保持的最小距离。这个距离考虑到当产生最大工作电压或过电压时，不会出现导体放电，保证工作人员在维修设备和操作时绝对安全。

三、防护知识

1. 呼吸系统和肺部的防护

1）供气式呼吸器。供气式呼吸器主要由一个透明的护目镜、外接气源软管和兜帽等组成。使用时，干净可呼吸的空气通过软管从一个单独的气源泵送到面罩或头盔中，供人呼吸。在喷涂作业时，采用供气式呼吸器，防护效果好。

2）滤筒式呼吸器。滤筒式呼吸器由橡胶面罩、预滤器、滤筒、进气阀和出气阀等组成。橡胶面罩用来保证贴合脸部轮廓，保证气密性。可更换的预滤器和滤筒，能够清除空气中飞散的溶剂和其他蒸气。进气阀和出气阀保证所有吸入的空气都通过滤清器。

3）焊接用呼吸器。当镀锌钢材进行焊接时，产生的焊接烟尘和锌蒸气会对人体产生很大的伤害。焊接用呼吸器就是在呼吸器上有一个特殊的滤筒，来吸收焊接产生的烟尘。

4）防尘呼吸器。防尘呼吸器一般是用多层滤纸制作的价格较低的纸质滤清器，它的作用是阻挡空气中的微尘、粉尘进入人的鼻腔、咽喉、呼吸道和肺部。在进行打磨、研磨或用吹风机吹净操作时会产生大量的粉尘等，应佩戴防尘呼吸器。防尘呼吸器是加了过滤层的口罩。

2. 头部的防护

车身维修人员在作业过程中，由于时常在车下或者车厢内进行作业，不小心容易造成头部损伤，还会因为粉尘、油污等造成头发污染或不清洁，因此要注意头部的防护。在进行维修作业时要戴上安全帽，在车下作业或者拉伸校正操作时要戴上硬质的安全帽。同时，头发不要过长，工作时要把头发放入安全帽中。

3. 耳的防护

在车身维修作业过程中，经常使用气动錾和气动锯等切割工具，还经常对钣金件进行敲打和打磨等操作，这些都会产生高分贝的噪声，容易对耳朵产生伤害，因此进行上述工作时，要佩戴耳塞或耳罩，以加强耳朵的防护。

4. 眼睛和面部的防护

如果佩戴的防护呼吸器不带面罩，就应该在大多数维修操作时佩戴防护眼镜和面罩等装置，以保护眼睛和面部。防护眼镜能在锤击、钻孔、磨削和切削等操作时，防止飞屑击伤面部或眼睛。图1-5所示为防护眼镜。

在进行焊接作业时，应佩戴有深色镜片的头盔或护目镜，头盔能保护面部免受高温、紫外线或熔化的金属灼伤，深色镜片能保护眼睛免受电焊弧光的伤害。图1-6所示为手持焊接面罩。

图1-5　防护眼镜

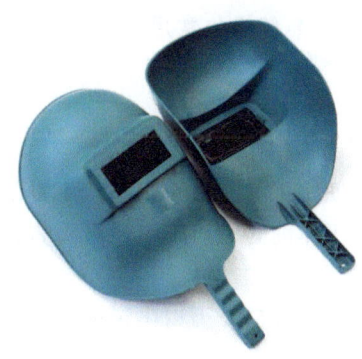

图1-6　手持焊接面罩

5. 身体的防护

在车身维修车间应穿着合格的连体工作服，不能穿宽松的衣服、没系袖口扣子的衬衫，不能佩戴饰物。衣物应远离运动和运转的部件，宽松、下垂的衣物容易被绞入运动部件，造成人体伤害。

6. 手、腿、脚的防护

在焊接作业时，应戴上皮质的手套，防止焊接熔化的金属烫伤手臂。在进行车身维修作业时，经常会跪在地上进行操作，因此最好佩戴护膝，以保护膝盖，防止引起膝盖的损伤。图1-7所示为皮质手套。

在车身维修车间，工作时最好穿安全鞋，不能穿凉鞋和拖鞋。安全鞋鞋头有金属片，可以防止重物下落砸伤脚；安全鞋还有防滑和绝缘的功能，可以防止滑倒和防止触电事故的发生。

图1-7　皮质手套

课后习题

1. 车身修复车间消防设施包括哪些？
2. 车身修复操作必须采取哪些防护措施？

课题三　工具设备安全使用

学习目标

1. 学习常用车身修复工具的正确使用方法。
2. 熟练操作常用车身修复工具。

一、手动工具

1）使用工具人员必须熟知工具的性能、特点、使用、保管和维修及保养方法。

2）工作前必须对工具进行检查，严禁使用腐蚀、变形、松动、有故障和破损等不合格的工具。

3）带有牙口、刃口尖锐的工具及转动部分应有防护装置。

4）当使用特殊工具时，应有相应安全措施。

5）小型工器具放在工具袋中妥善保管。

二、动力工具的安全操作

1. 电动工具

1)当使用电动工具时,应有必要的、合格的绝缘用品,在潮湿地带或金属容器内使用电动工具,必须有相应的绝缘措施,并有专人监护。电动工具的开关应设在监护人便于观察、便于操作的地方。

2)砂轮机使用前应检查砂轮有无外伤、裂纹,然后进行空转试验,无问题方可使用,由于砂轮机转速高且有一定重量,打磨时与物件接触点要求比较严格,所以稳定性较差。使用时,操作者精力要集中,需戴防护镜。磨削时应避免撞击,应用砂轮正面磨削,禁止使用砂轮侧面。防止砂轮破碎伤人,当安装砂轮时,砂轮与两侧板之间应加柔软垫片,严禁猛击螺母。图1-8所示为砂轮机。

3)当电动工具不用时,应妥当放置在干燥处,宜加锁。必须在工具规定的负荷容量内进行使用,才可获得良好的效果且较安全。不可用小型刀具或装置去加工本应使用大型刀具的工件,不可使用用途不当的刀具。图1-9所示为电动磨光机。

4)穿宽松拂袖的服装使用电动工具是最危险的,因为可能在高速旋转时被缠住而发生意外。在户外工作时宜戴橡皮质手套和穿没有破洞的鞋子,工作时必须戴帽子。

图1-8 砂轮机

图1-9 电动磨光机

5)不可拖着导线移动工具,或拉导线拔出插头等,还需避免使导线触及高热物体及尖锐金属边缘或沾湿油脂。使用夹钳固定要切削的工件比用手握住工件加工更安全。

6)工作时必须保持正确姿势,必须站稳,不可伸手越过工具取物及加工。注意保养工具,使刀具保持锐利的状态;按照规定润滑与更换配件;定期检查导线,如发现有破损应立即到专业修理中心修理。延长接电导线如有破损,应立即换新;手柄要保持干燥清洁,不沾油脂。

7)工具在不用或进行保养,换夹具和刀具时,一定要拔开电插头。在打开开关转动机械以前,需检查刀具部分的调整工具及固定用扳手等有无完全取出。

2. 气动工具

1)使用气动工具、气源应装气水分离器,以免混浊空气进入,磨损机件。气动工具开始工作后,注意安全,一般会在使用工具时佩戴面罩和手套等。在使用工具前,认真读使用说明。

2）供气的软管应进行吹洗,不得对人,与套口连接应牢固。不工作时,请先关掉空气源,并将工具和空气源的接头拔掉。图 1-10 所示为气枪。

3）气管不得变成锐角,遭受挤压或受到损坏时,应立即停止使用。

4）气动工具使用过程中,沿气管方向不得站人,以防风管脱口伤人。

5）更换工具附件,需待气体全部排出,压力下降后,方可进行。使用气动工具距离空气压缩机的远近,必然会在压力上产生差距,如果距离太远,需要使用粗一点气动软管,或者更大流量的空气压缩机。图 1-11 所示为气动抛光机。

图 1-10　气枪

6）当使用冲击性气动工具（如风锤、风镐、风铲和风枪等）时,必须把工具置于工作状态后,方可通气。

7）气动工具是利用空气压缩机产生的能量来工作的,输送的压缩空气必须是清洁、干燥的冷空气。但不准用压缩空气清洁衣物。气动工具在每天使用过后或者长时间不用之前,需要加油保养,具体方法就是在工具的进气口滴入几滴气动工具专用油,经常保养可以延长工具的使用寿命。图 1-12 所示为空气压缩机。

图 1-11　气动抛光机

图 1-12　空气压缩机

3. 汽车举升机

汽车举升机安全使用操作规程如下：

1）使用前应清除举升机附近妨碍作业的器具及杂物,并检查操作手柄是否正常。

2）机器操作机构灵敏有效,液压系统不允许有爬行现象。

3）支车时,四个支角应在同一平面上,调整支角胶垫高度使其接触车辆底盘支撑部位。

4）支车时,车辆不可支得过高,支起后四个托架要锁止。

5）待举升车辆驶入后,应将举升机支撑块调整移动对正该车型规定的举升点。

6）举升时人员应离开车辆，举升到需要高度时，必须插入保险锁销，并确保安全可靠才可开始车底作业。

7）机器除低保及小修单元外，其他烦琐笨重作业，不得在举升器上操作修理。

8）使用举升器时不得频繁起落。

9）支车时举升要稳，降落要慢。

10）有人作业时严禁升降举升机。

11）如果发现操作机构不灵、电动机不同步、托架不平或液压部分漏油，应及时报修，不得带病操作。

12）完成作业应清除杂物，打扫举升机周围，以保持场地整洁。

13）定期（半年）排除举升机油缸积水，并检查油量，油量不足应及时加注相同牌号的液压油。同时应检查、润滑举升机传动齿轮及链条。图1-13所示为汽车举升机。

图1-13 汽车举升机

课后习题

1. 电动工具使用需要注意哪些事项？
2. 简述汽车举升机安全使用操作规程。

本单元主要学习了车身修复的基本知识，包括车身维修车间的布置及区域划分，车身维修车间的安全事项，能通过练习熟练掌握设备的操作并按要求进行设备的安全维护。

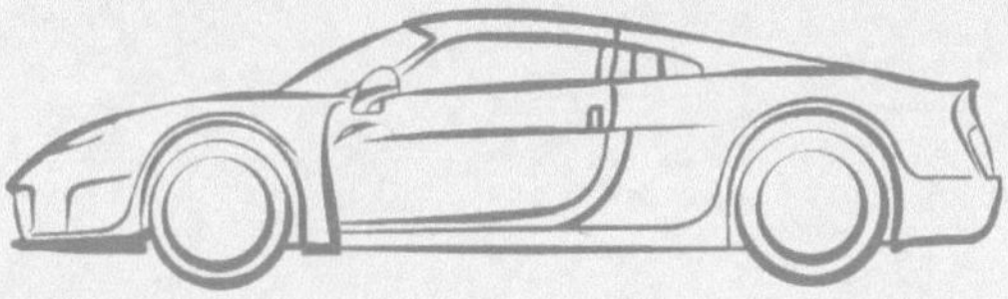

单元二

车身修理基础知识

完成本单元学习后,你应能:
1. 掌握各种钣金修理工具的使用、维护方法及操作安全;
2. 掌握各种钣金件手工成形的操作方法;
3. 绘制手工成形作品(洒水壶)的展开图;
4. 独立完整制作洒水壶。

学习导入

车身修理基础知识　单元二

课题一　各种钣金修理工具的使用、维护方法及操作安全

学习目标

1. 认识常用的钣金修理工具。
2. 熟练操作常用钣金修理工具并能正确维护保养。

汽车钣金维修作业的手动工具包括扳手、旋具和钳子等通用工具,它们可用于拆卸零件、翼子板、车门和总成;还包括车身修复的专用工具,如钣金锤、垫铁、匙形铁和撬棍等。

一、钣金锤

钣金锤是指在钣金维修中使用的各种规格和样式的锤子。这些锤子专门为金属成形作业而制成特殊的形状,使用在不同的场合效果会有所不同。

1. 橡皮槌

橡皮槌(图2-1)主要用于维修表面微小的凹陷,用橡皮槌轻轻地敲击不会损坏油漆的表面,也不会损坏表面的光泽。它经常与吸盘配合用于"塌陷型"的凹陷上,当吸盘将凹陷拉上来时,用橡皮槌围绕着高点进行圆周轻打,当高点落下及底部位弹回到原来外形时会发生"噼啪"的声音。

2. 铁锤

铁锤(图2-2)用于修复较厚的钣金件,使之大致回到原形,此类铁锤的手柄较短,适用于空间较为紧凑的地方。

图2-1　橡皮槌

图2-2　铁锤

3. 球头锤

球头锤也叫作圆头锤,它的质量为290~450g,由一个圆形平面锤头和一个球形锤头组成。它用于校正弯曲的基础构件、修平部件和钣金件粗成形阶段,如图2-3所示。

4. 重头锤

重头锤也叫作冲击锤,它一头为圆形,另一头为方形,这种锤顶面大,使得打击的力散

11

布在较大的面积上，用于凹陷板面的初步校正，或在内部板件和加强部位的加工，适合校正变形面积较大而表面粗糙度要求不高的场合，如图2-4所示。

图2-3　球头锤　　　　　　　　　　　　图2-4　重头锤

5. 鹤嘴锤

鹤嘴锤属于精修锤，锤头一头为圆形平面，另一头为尖形，尖头即鹤嘴，有的鹤嘴较长，能伸到车身后面，可用在如前挡泥板等这些操作不方便的部位。鹤嘴头用来消除车身的小凹部，其平端头与顶铁配合可以去除微小的凸点和波纹，如图2-5所示。

使用鹤嘴锤时要小心，假如用力过猛，尖顶端可能戳穿新型汽车上的钣金件，只能在修复小的凹陷处用鹤嘴锤，并且要控制力度。

6. 精修锤

精修锤也叫作轻头锤，它的形状与重头锤一样，一般用来进行金属精加工，即用重头锤去除凹陷之后，用精修锤精修外形，如在车门处折边等。精修锤的锤面较重头锤小，锤面隆起的锤头适用于修平表面微小高凸点和波纹的顶端。带有锯齿面或交错缝槽面的精修锤叫作收缩锤，适用于收缩作业，以便修整被过度捶打而产生的延伸变形，如图2-6所示。

图2-5　鹤嘴锤　　　　　　　　　　　　图2-6　精修锤

二、顶铁

顶铁也称为垫铁或衬铁，由高强度钢制成，通常与钣金锤配合进行维修作业，如图2-7所示。

1. 顶铁的种类

常用的顶铁有通用顶铁、足跟形顶铁、足尖形顶铁和楔形顶铁等。各种形状的顶铁适用于车身表面特定形状的凹陷或外形的修整。顶铁的种类如图2-8所示。

通用顶铁也叫作万能顶铁，可以用来粗加工挡泥板的拱起部分和车身相同形状的表面校正挡泥板凸缘、装饰条和轮缘，修正焊接区，如图2-8a所示。

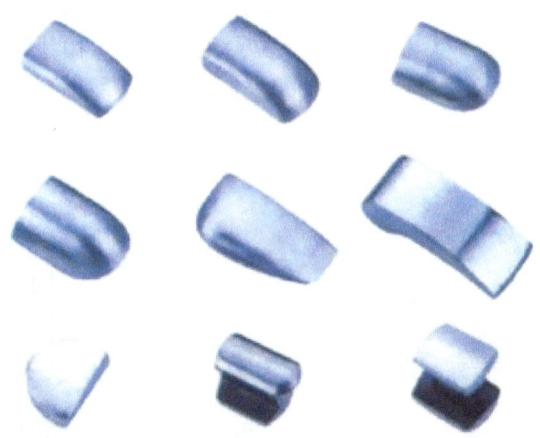

图 2-7 顶铁

足跟形顶铁用来在板件上形成较大形状的凸起，校直高拱起或低拱起的金属板、长形结构件和平面板件，如图 2-8b 所示。

足尖形顶铁是一种组合平面顶铁，用来收缩车门板、挡泥板裙部、柱杆部和汽车各种盖板，也可以用来在挡泥板的底部形成卷边和凸缘。该顶铁的一个面非常平，而另外一个微微拱起，特别适合于加工还没有精加工的金属板件，如图 2-8c 所示。

楔形顶铁也叫作逗号顶铁，用来在柱杆顶部和宽的挡泥板凸缘上升成拱起，也可以用来加工与支架或其他车身内部构件形成一个封闭的板件，还可以在柱杆顶部粗加工出一些小的凹痕，特别是在顶盖梁和横杆的后部，以及在车身其他地方起皱等，如图 2-8d 所示。

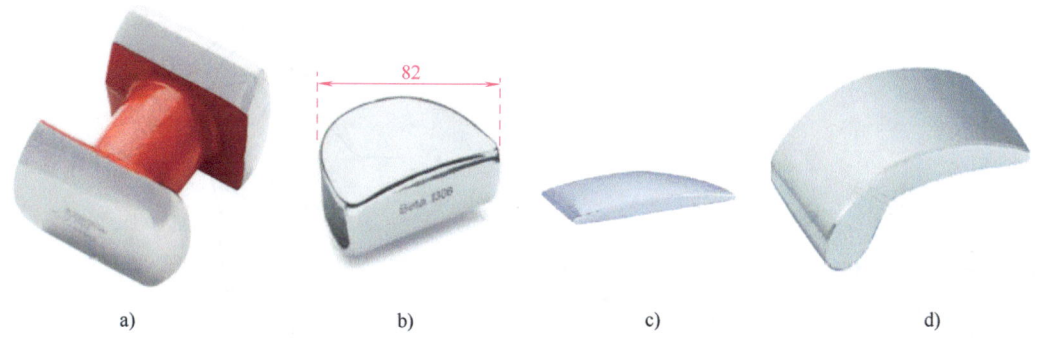

a)   b)   c)   d)

图 2-8 顶铁的种类
a）通用顶铁 b）足跟形顶铁 c）足尖形顶铁 d）楔形顶铁

2. 正托和偏托

用顶铁法修整可分为正托和偏托两种方式。

偏托是指直接用顶铁抵住最大凹陷处，使用木槌或铜锤敲击凹陷周围产生的隆起变形，即"深入浅出"地敲平凹凸变形。用偏托修整平面，一般不会造成板件伸展，因为顶铁击打的是板料正面的凹陷处，而锤子击打的是板料正面的鼓凸部位，如图 2-9a 所示。

当局部凹凸变形被修平至一定程度时，应改用正托进一步敲平。正托是指将顶铁直接顶在板料背面不平的位置上，同时用锤子在顶铁位置正面敲平。由于锤子的敲击作用会使顶铁发生轻度回弹，在锤子敲击的同时顶铁也将同时击打板料，所以顶铁垫靠得越紧，则展平的效果越好，如图2-9b所示。

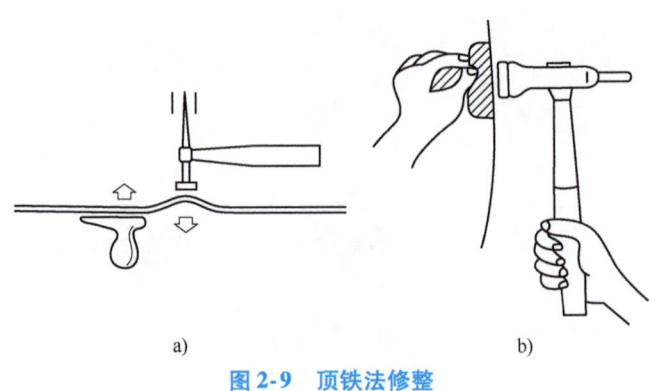

图 2-9　顶铁法修整
a) 偏托　b) 局部凹凸变形被修平

三、匙形铁

匙形铁是车身维修的特殊工具，主要用于抛光金属表面，所以也叫作修平刀。匙形铁有很多种形状和尺寸，可以满足各种不同形状车身板件维修的需要，它的工作面一般有平面形、弧形和双钩形三种。各种匙形铁如图2-10所示。

匙形铁贴紧待修表面，再捶打匙形铁，对表面某些微小、划伤部位恢复原状特别有效，如图2-11所示。

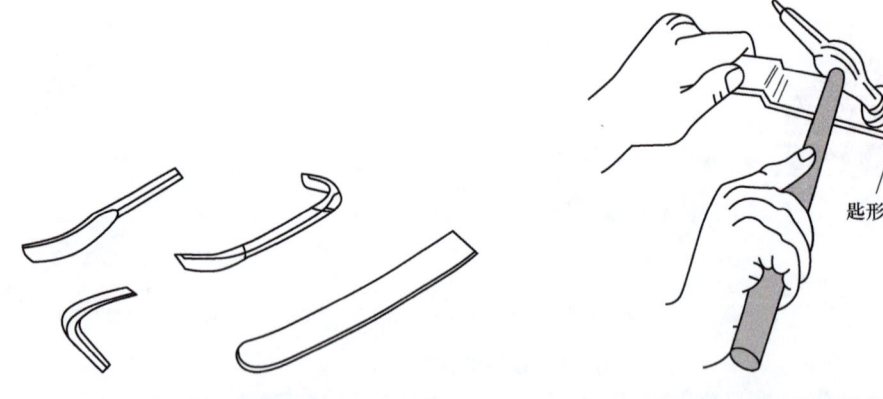

图 2-10　各种匙形铁　　　　　图 2-11　匙形铁贴紧待修表面

不同的匙形铁可与不同的面板形状匹配使用，当面板背面的空间有限时，匙形铁也可当作撬棍使用，如图2-12所示。

四、撬棍

撬棍类似于匙形铁，用以进入有限的空间将凹点撬起，它们有不同的长度和形状。各种车身撬棍如图2-13所示。

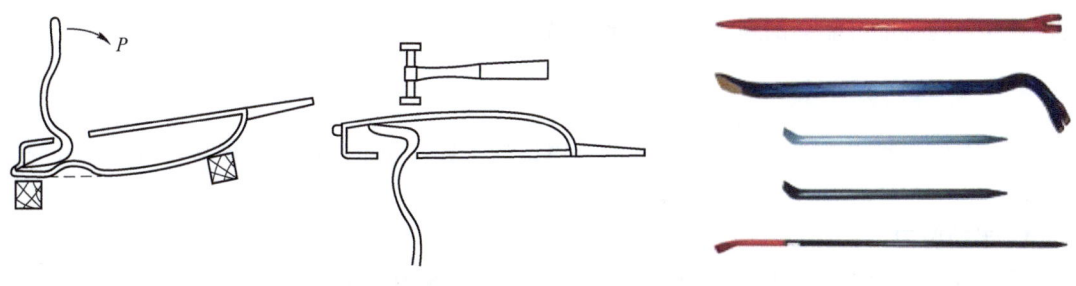

图 2-12　匙形铁的使用　　　　　图 2-13　各种车身撬棍

五、车身锉刀

在金属精加工或最终维修时常用到车身锉刀。在变形板件经过敲击或拉回等粗加工后，锉削可以显露出板件上任何需要再加以处理的凸点和凹点，也可以用在精加工去除板件面上所有的凸、凹点后，最后磨光滑金属板面，经锉刀加工后，再用打磨机打磨，就可以完成金属精加工的全部工作，如图 2-14 所示。

六、冲头和錾子

冲头和錾子是钣金维修人员常备的工具。冲头和錾子的种类如图 2-15 所示。

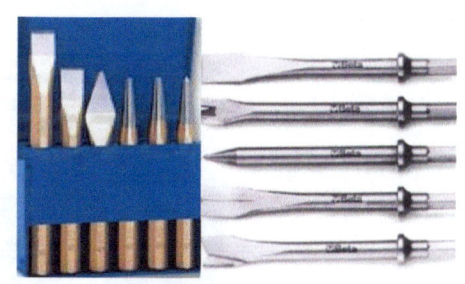

图 2-14　车身锉刀　　　　　图 2-15　冲头和錾子的种类

扁冲可以与锤子配合使用，在车身板件和车架上重新成形凸缘、凸起、直线边缘和弯折等。扁冲也可以用来校直角线，如图 2-16 所示。錾子用于某些手工切削操作。比如去铆钉头或分割金属板块。常见的錾子有平头冷錾（也叫作扁錾）、狭錾、菱形錾和圆头錾。汽车钣金维修最常用的是扁冲和扁錾，两者样子和形状没有太大的区别，一般刃口锋利的为錾了，刃口钝的为扁冲，可以自己制作。

图 2-16　扁冲

应保持冲头或錾子的端部正确打磨。如果由于锤击力致使端部增大变粗,则应将其磨回原状。变大的端部可能会刮到手,并使金属屑粘上。

七、金属切割工具

在汽车钣金维修中要用到各种各样的金属切割工具,如手动剪刀、脚踏剪板机和可调式手工锯。

1. 手动剪刀

手动剪刀分为手剪刀和台式剪刀(图2-17),一般用于某种条件下单件生产或半成品的修整工作,手剪刀只能剪切0.8mm以下的金属板料,台式剪刀可以剪切1.5~2mm的板料。

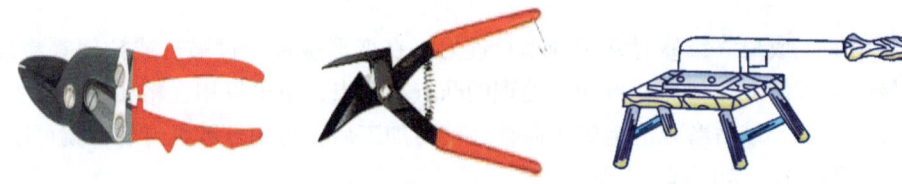

图2-17 手动剪刀

2. 脚踏剪板机

在钣金维修中,脚踏剪板机是一个相当好的帮手,可以满足一般薄金属板料的剪切,如图2-18所示。

图2-18 脚踏剪板机

3. 可调式手工锯

钣金件维修中常用可调式手工锯,其锯弓可分为两段,前段可在后段中缩入,可安装不同长度的锯条,通常为200mm、250mm和300mm三种规格的锯条,如图2-19所示。

八、铆枪

铆接是车身维修作业不可缺少的工艺,操作时用弹射铆钉枪是十分方便的。图2-20所示为气动铆枪。铆接时,先将铆钉组件接入被连接的工件通孔中,然后用铆枪将外伸的铆钉拉断,铆接即告成功。

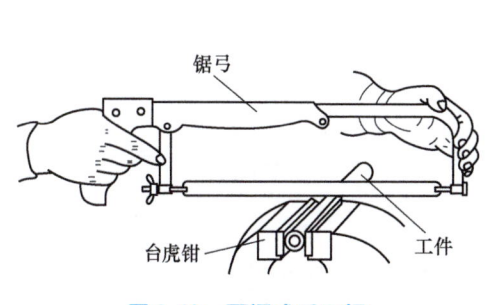

图 2-19　可调式手工锯

图 2-20　气动铆枪

九、凹陷拉拔工具

1. 凹坑拉出器

对于密封型车身面板的凹陷,无法利用现成的孔洞使撬镐撬起时,可采用凹坑拉出器或拉杆进行修理,此时需在表面皱褶处钻孔。凹坑拉出器如图 2-21 所示,拉出器的顶端呈螺纹尖端形式,或呈钩状形式。

2. 拉拔杆

拉拔杆有一个弯曲的头,同凹坑拉出器一样,把它插进钻出的孔里,用一根拉拔杆即可把较小的凹陷或皱褶拉平,而要拉平较大的凹陷,就要同时用三根或四根拉拔杆。拉拔杆可与钣金锤一起使用,同时敲击和拉拔使车身板件恢复到原来的形状,而造成金属延展的危险较小,如图 2-22 所示。

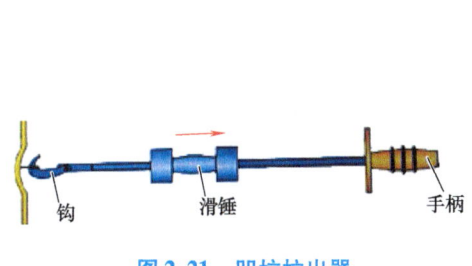

图 2-21　凹坑拉出器

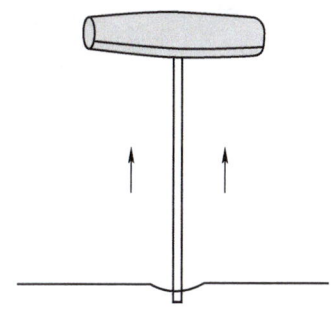

图 2-22　拉拔杆

3. 真空吸盘

真空吸盘是一种简单的工具,它可以迅速拉起较浅的凹坑,只要凹坑不是处在皱褶的钣金件上。作业时只需将吸盘附着在凹坑的中心并拉起,凹坑就可能恢复正常形状而不损伤油漆,也不需要再做表面整修,有时凹坑定位后还需要用锤子和顶铁来整平钣金件,如图 2-23 所示。

十、装饰件拆卸工具

为了保护汽车车身上的装饰件及其连接件,在拆卸时必须使用专业工具。尖叉形状的工具能撬起装潢小钉、弹簧、夹子和其他装饰件的连接件,如图2-24所示。

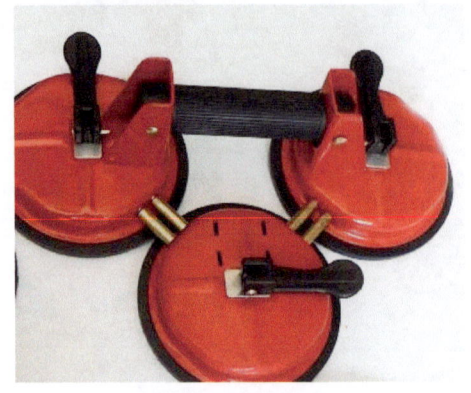

图2-23 真空吸盘

图2-24 装饰件拆卸工具

十一、夹具

钣金维修中对板件折边和焊接等工作,需用到各种夹具,如C形夹具和大力钳。特别是大力钳,也叫作台虎钳扳手,可以非常迅速地夹持钣金件,如图2-25所示。

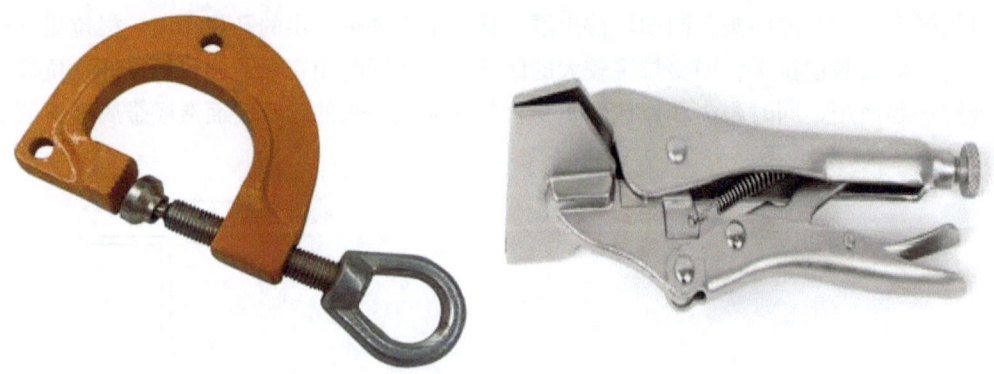

图2-25 夹具

 技能训练

1. 钣金锤的使用方法

步骤1:

用手轻松握住钣金锤手柄的端部(相当于手柄全长1/4位置)。

握锤时锤柄下面的食指和中指应适当放松,小指和无名指应相对紧一些,使之形成一个比较灵活的转轴。

步骤2：

当锤击工件时，眼睛注视工件，找准锤击落点。

锤击作业质量和关键在于落点的选择，一般应遵循"先大后小、先强后弱"的原则，从变形较大处顺序敲打，保证锤头以平面落在金属表面上，同时还要注意金属件的结构强度，有序排列钣金锤的落点。

步骤3：

用手腕摇动的方法轻轻敲击车身构件表面，并利用钣金敲击零件时产生的回弹力圆周运动。

钣金锤的正确使用方法如图2-26所示。

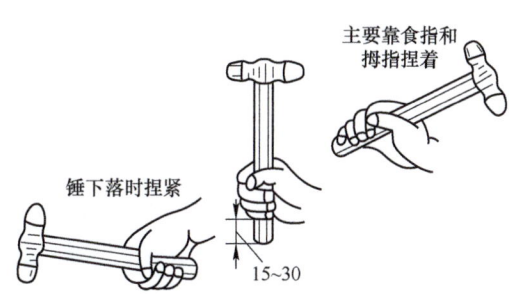

图2-26　钣金锤的正确使用方法

2. 手工剪切方法

手工剪切方法是钣金维修工作中常用的基本技能，下面介绍几种剪切方法：

1）直线的剪切方法　当剪切短料直线时，被剪去的部分，一般都放在剪刀的右面，图2-27所示为剪长料和剪切板料的情况。

剪切时，左手拿板料，右手握住剪刀柄的末端，剪刀要张开大约2/3刀刃，上下两片间不能有空隙，否则剪下的材料边上会有毛刺，当剪切长或宽板材料的直线时，必须将被剪去的部分放在左面，这样使被剪去的部分容易向上弯曲。

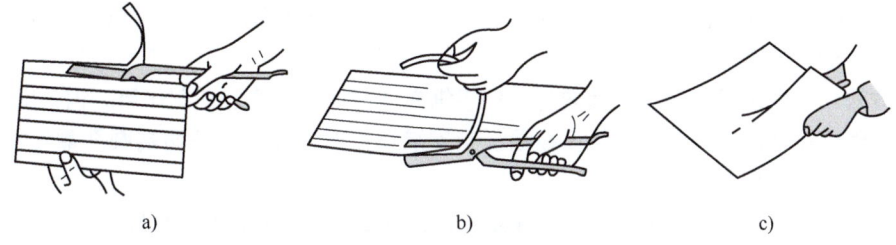

图2-27　剪长料和剪切板料的情况

2）外圆的剪切方法　剪切外圆应从左边下剪，按顺时针方向剪切，边料会随着剪刀的移动而向上举起，如图2-28所示。若边料较宽时，可采取剪直线的方法。

3）内圆的剪切方法　当剪切内圆时，应从右边下剪，按逆时针方向剪切，边料会随着剪刀的移动而向上卷起，如图2-29所示。

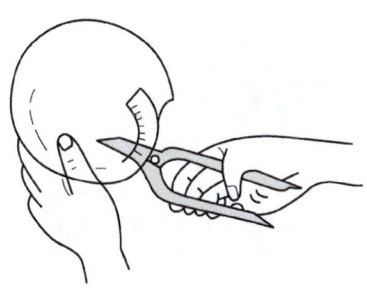

图2-28　外圆的剪切方法

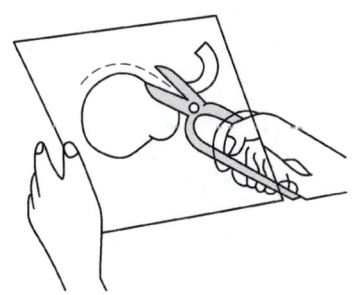

图2-29　内圆的剪切方法

4）厚料的剪切方法　当剪切较厚板料时，可将剪刀夹在台虎钳上，在上柄套上一根管子，右手握住管子,左手拿住板料进行剪切,如图2-30a所示。也可由两人操作,一人敲,另一人持剪刀和板料,如图2-30b所示。

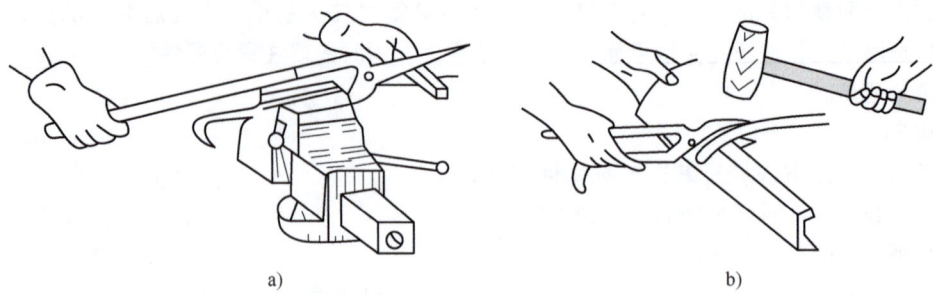

图 2-30　厚料的剪切方法

a)在台虎钳上用剪刀剪切厚料　b)用敲击法剪切厚料

3. 可调式手工锯的操作方法

步骤1:选择锯条。

选择方法:目前常用锯条的长度为300mm(锯条两端小圆孔中心距)、宽10mm、厚0.6mm。按锯齿大小可分为粗、中和细三种规格。当锯削硬度不高的金属时,如软钢、铝、纯铜或塑料等优质材料,应选用粗锯条,锯削时锯齿容易切入,且锯屑较多,需要较大的容屑空间容纳锯屑。细齿锯条可用来锯削一些金属和板材,如型钢、薄壁管和角钢等。锯削时硬金属不容易被锯齿切入,锯屑最少而碎,锯齿不易堵塞,同时在锯削时至少要有三个齿在锯削面上工作,保证锯削顺利进行。

步骤2:安装锯条。

安装方法:当安装锯条时,锯齿向前,使手锯在向前推进时才起切割作用。锯条安装的松紧度应适中,保证锯条既有弹性又不至于扭曲。当安装锯条时,先使锯条两端圆孔靠在销钉根部,再拧动蝶形螺母,使锯条自动靠正。

步骤3:将工件夹持在台虎钳上,锯缝应靠近钳口处,以免切割时工件颤动。

步骤4:右手紧握锯柄,左手握持前端弓架,手锯握持方式如图2-31所示。

步骤5:起锯时,锯齿与工件表面约成15°且锯齿面应保持在三个锯齿以上,如图2-32所示。

图 2-31　手锯握持方式

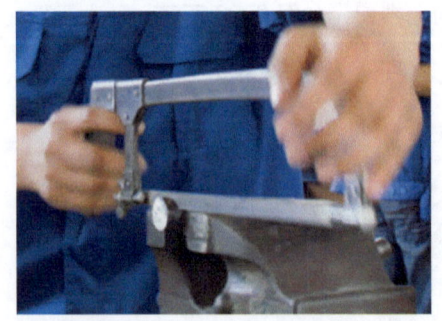
图 2-32　在工件后起锯

步骤6:锯削时右手推动手锯,左手向下略施压力,并扶正锯弓做往复运动,后拉时,左手使锯的前端微向上提，使锯条和工件倾斜成一定的角度，以减少锯齿的磨损。

步骤7：锯削速度一般以每分钟往复30次左右为宜，但还应考虑工件的材料。对于较软金属宜稍快，而硬金属宜慢些。锯条在运动中应充分发挥全长的作用，以提高锯削效率和锯条的使用寿命，一般推拉标准为锯条全长的3/4。

课后习题

1. 常用的钣金修理工具有哪些？
2. 简述可调式手工锯的操作练习。

课题二　汽车钣金修复常用的动力工具

学习目标

1. 认识汽车钣金修复常用的动力工具。
2. 掌握汽车钣金修复常用的动力工具的使用及保养方法。

动力工具是利用气压、油压或电能进行工作的，汽车钣金修复的动力工具包括气动工具和电动工具两类。如果使用不当，操作动力工具和设备会非常危险，必须按照该工具或设备用户手册中的指导进行操作。

一、气动打磨机

气动打磨机是指在钣金维修中使用的用于研磨金属、原子灰等全面性的打（研）磨工具，能够在工作中大大提升工作效率。圆盘旋转，具有切削能力大、速度快等优点，如图2-33所示。

二、手提砂轮机

手提砂轮机主要的用途是磨削、打磨工具（如錾子、冲头、扁铲等）。通电后，电动机运转带动砂轮转动（通常高速运转）来进行磨削工作，同样具有打磨速度快和打磨较平整等优点，如图2-34所示。

图2-33　气动打磨机

图2-34　手提砂轮机

技能训练

1. 气动打磨机的使用方法

气动打磨机的正确打磨方法如图2-35所示。砂轮片的1/3表面与被加工表面接触的研磨效果最好。当砂轮片与研磨面接触角度过大时,则砂轮片仅有小部分与金属板发生强力研削,将留下粗糙的加工面;当砂轮片与研磨面平行接触时,又会因研磨阻力大而造成动作不稳,将留下凹凸不平的加工面。

步骤1:右手抓住打磨机前面把手,左手抓住后面把手,起动开关。

步骤2:在金属表面开始打磨。

步骤3:砂轮片经研磨作业而使其外侧磨料逐渐脱落,脱落后可采用适当方法去掉外面的部分,减小砂轮片的尺寸后继续使用。此外,在研磨小的凹坑处或带孔部位时,可使砂轮片角形轨迹运动。

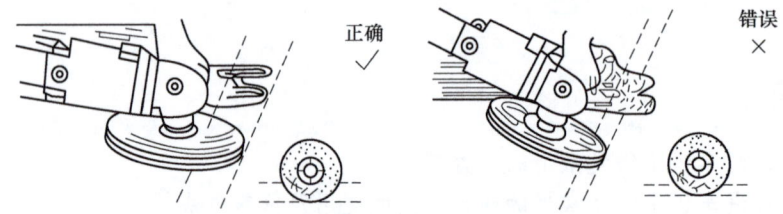

图 2-35　气动打磨机的打磨方法

2. 手提砂轮机的使用方法

电动打磨机的正确打磨方法如图2-36所示。手提砂轮机便于打磨车身上有关部位,有气动和电动两种,在此练习电动手提砂轮机的方法。

图 2-36　电动打磨机的正确打磨方法

步骤1:使用手提电动砂轮机前,首先穿戴好防护用品并检查砂轮片有无裂纹和破碎,护罩是否完好。

步骤2:连接砂轮机电源。

步骤3：左手抬起砂轮机的前部，右手抓住后部砂轮机机身。

步骤4：当磨削金属板时，砂轮应轻轻接触工件，不能用力过猛，并密切注意磨削部位，避免磨穿。在磨削过程中，人不要站在出屑的方向，以防切屑飞出造成伤害。

步骤5：操作结束时及时切断电源，轻拿轻放，妥善放置，清理好工作场地。

课后习题

1. 汽车钣金修复的动力工具包括哪些？
2. 练习气动打磨机的使用。
3. 练习手提砂轮机的使用。

课题三 绘制手工成形作品（洒水壶）的展开图

学习目标

1. 对洒水壶各部分进行放样展开。
2. 掌握钣金件展开图的画法。

一般复杂的钣金件由很多部分组成。一个钣金构件的制作，必须将其各个表面做出展开图，才能依据展开图进行放样。

所谓展开，就是将组成整个钣金件的所有零件的表面不遗漏、不重叠和不折皱地平铺在同一个平面内的工艺过程。掌握展开图的共同规律及其基本方法是钣金工作的特有技能。展开图就是在展开过程中所画出来的构件表面实形图，是钣金下料工艺的依据。

一、洒水壶的结构分析

洒水壶其表面比较复杂，根据形体的表面特征有平面（壶底）、曲面（壶身、上盖、导水管、拉条、把手、箍条）以及曲面与曲面、平面与曲面相结合的形体，如图2-37所示。

1）壶底是一个直径为230mm的圆形平面。
2）壶身是一个直径230mm、高230mm的圆柱体。
3）上盖是一个圆柱面的一部分。
4）导水管是一个圆锥台，与壶身圆柱相贯。
5）拉条是圆柱形曲面，连接导水管与壶身。
6）把手是C形曲面，曲面制筋。
7）箍条是直径略微大于230mm、高30mm的圆柱形，作为整个洒水壶底座。
8）桶梁是直径为5mm的钢筋弯曲而成。

图 2-37 洒水壶

二、绘制洒水壶各部分的展开图

1. 壶底展开图的绘制

作十字中心线,以交点作为圆心,作直径 230mm 的圆,如图 2-38 所示。

2. 壶身展开图的绘制

1)计算周长。

周长 $= 2\pi R = (2 \times 3.14 \times 230/2)$ mm $= 722.2$ mm

2)作长 722.2mm、宽 230mm 的长方形,如图 2-39 所示。

3. 上盖展开图的绘制

分析:上盖其最高点至壶身上平面圆心距离为 50mm,至壶沿最大距离为 100mm。

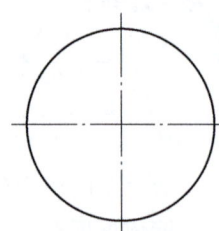

图 2-38 壶底展开图

1)计算弧长 L(即 $\overparen{ADB}$),如图 2-40 所示。

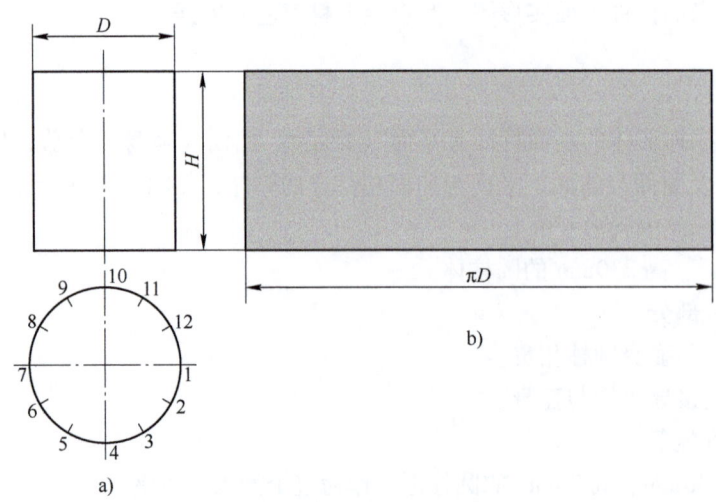

图 2-39 壶身展开图

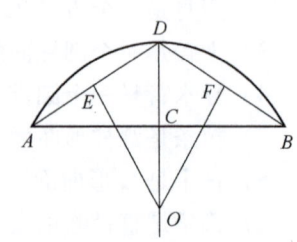

图 2-40 弧长

弧半径为 R，弧所对的圆心角为 A。

$$R^2 = [(230/2-50)^2 + (230/2)^2] \text{mm}^2$$
$$R \approx 132.1 \text{mm}$$
$$L' = 2R\sin(A/2); \ L' = 弦长; \ A = 弦所对的圆心角，以度计。$$
$$A = 2 \times \arcsin[L'/(2R)]$$
$$= 2 \times \arcsin[230/(2 \times 132.1)]$$
$$= 120.9°$$
$$= 120.9° \times \pi/180°$$
$$\approx 2.11$$
$$L = AR$$
$$= 2.11 \times 132.1 \text{mm}$$
$$\approx 279 \text{mm}$$

2）作直线 $AB = 279 \text{mm}$，作为上盖展开图圆的弦长，取中点 C，过 C 作 $CD = 100 \text{mm}$ 垂直于 AB。连接 AD、BD，如图 2-41 所示。

3）分别作 AD、BD 的中垂线相交于 O 点，以 O 点为圆心作圆弧 $\overset{\frown}{ADB}$。圆弧 $\overset{\frown}{ADB}$ 包围的部分就是上盖的近似展开图。

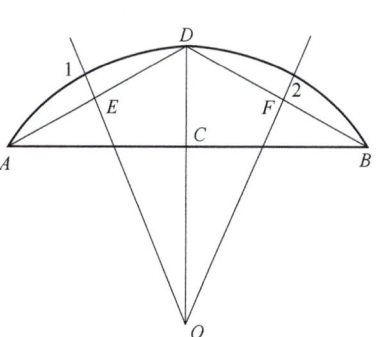

图 2-41　展开图

4. 导水管展开图的绘制

分析：导水管是一个圆锥台，壶身是一个圆柱体。关键在于求相贯线的投影问题，由于圆柱的水平投影有集聚性，所以相贯线的水平投影重合在圆柱的水平投影上。可以用表面取点法作出相贯线的正面投影，相贯线投影求出后，就可以作出圆锥台表面的展开图。

1）求相贯线的投影，如图 2-42b 所示。

① 过 g' 作 $s'd'$ 的垂线，将圆锥底圆正面投影画出，并画出它的实形的一半。

② 将半圆周分为 6 等份，分点为 A_1、B_1、C_1、D_1、E_1、F_1、G_1，过各分点作底圆投影线的垂线得 a'、b'、c'、d'、e'、f'、g' 点，连接 $s'a'$、$s'b'$……得圆锥各条素线的正面投影。

③ 因为圆锥底圆为正垂面，水平投影为椭圆，根据换面法作图规律，可求出底圆上分点的水平投影，如过 c' 向下引垂线交 sa 于 c_0，量取 $c_0c = C_1c'$，得水平投影 c。同法求出 a、b、d……将各点光滑连接，得到圆锥底的水平投影。

④ 连接 sa、sb……得到各条素线的水平投影。各条素线的水平投影交圆柱水平投影于 1、2、3……由各点向上作垂线，交到素线相对应的正面投影上，得到 $1'$、$2'$、$3'$……光滑连接各点，得到相贯线的正面投影。

2）作圆锥管的展开图，如图 2-42a 所示。

先作出完整的圆锥表面展开图，然后根据各条素线与截交线及结合点的交点，作出展开图上相应的曲线。

5. 拉条展开图的绘制

拉条是圆锥台的一部分，为此可以按照圆锥的展开图绘制。

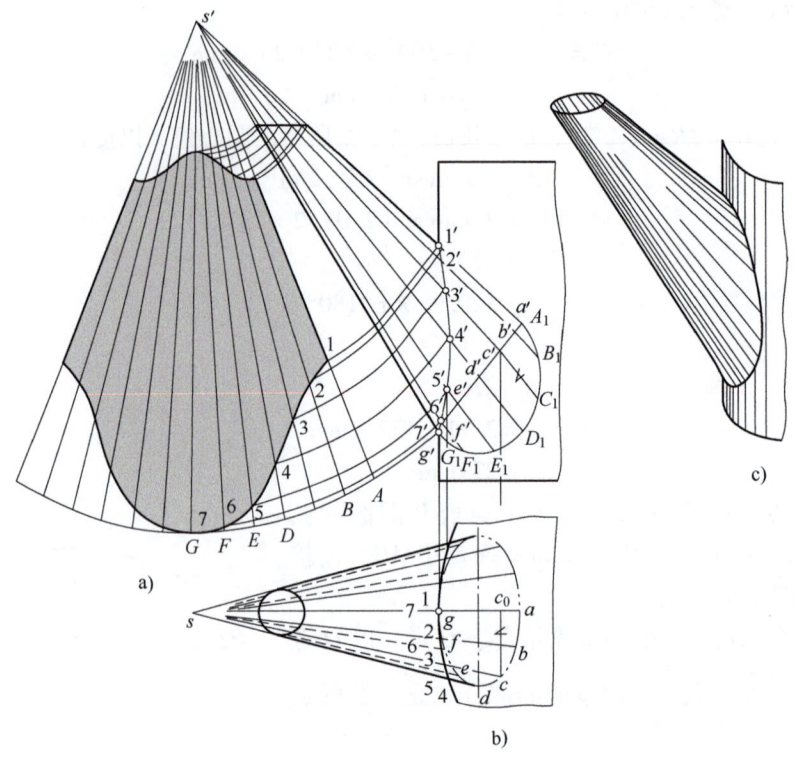

图 2-42 导水管展开图

6. 把手展开图的绘制

把手近似一个半圆,可以按照半圆去展开。把手展开图是一个简单的长方形。尺寸如下:

$$长 = \pi R + 2 \times 余量 = (3.14 \times 100/2 + 2 \times 15) mm = 187 mm$$

$$宽 = 25 mm$$

把手两端留有余量,余量取 15mm。

7. 箍条展开图的绘制

箍条是圆柱体,可按照圆柱表面展开图绘制。周长 $= 2\pi R = (2 \times 3.14 \times 230/2)$ mm $= 722.2$ mm,作长 722.2mm、宽 30mm 的长方形。

8. 桶梁展开图的绘制

桶梁是直径为 230mm 的半圆,表面不需要展开,但是长度必须适当加长。

$$长度 = \pi R + 10 mm = (3.14 \times 230/2 + 10) mm = 371.1 mm,取 370 mm。$$

技能训练

绘制洒水壶导水管展开图,说明作图步骤。

绘制洒水壶上盖的展开图,说明作图步骤。

课后习题

表面取点法作图原理是什么?

课题四 制作洒水壶

学习目标

1. 根据洒水壶放样图纸进行下料。
2. 综合练习钣金工具的使用。

放样是施工下料的第一道工序,是下料的依据,依靠施工图把工件的实际大小和形状划到施工板料或纸板上的过程叫放样。下料是依据放样所划线条,用各种方法进行剪裁,剪裁出各个部件不同形状的材料,供钣金件的加工制作。

手工成形制作是对下好的料采用各种钣金设备和工具,采用不同的成形方法,加工出符合要求的钣金部件。组合装配是将加工好的钣金部件按照图样要求,采用各种方法组合为一体,制成钣金成品。

技能训练

一、放样与下料

放样就是依据施工图把工件的实际大小和形状划到施工板料上去的过程。按照洒水壶各个部件展开图的划法,在板料上划出各个部件的展开图。当生产批量大时,不可能逐件放样展开划线;当构件较大时,也不可能在一块板料上进行划线;如果形状较复杂或引圆弧太大时,也难以在小块材料上进行划线作业。针对这些情况,在钣金作业中,一般采用制作模板的方法。只有单件或小批量时才采用直接在板料上放样。

1. 壶底放样

壶底与壶身采用角式咬缝的方式连接,放样时应留出咬缝余量。洒水壶采用0.5mm的板料,放样时应留出2个咬缝宽度,即(3~4)×2mm。

$$D = (230 + 8 + 8)\text{mm} = 246\text{mm}$$

作十字中心线,以交点作为圆心,作直径246mm的圆,如图2-43所示。

2. 壶身放样

放样时长度方向每边应留出1个咬缝宽度,即3~4mm;宽度方向留1个咬缝宽度,即3~4mm,底部要制筋。上部要卷边,卷边直径 d =4mm。

卷边展开长度为

$$L_2 = \pi \times 3/4 \times (d+t) = 3.14 \times 3/4 \times (4+0.5)\text{mm} \approx 10.60\text{mm}$$

所以壶身放样长度为

$$L = [722.2 + (3 \sim 4) \times 2]\text{mm} = 728.2 \sim 730.2\text{mm}$$

宽度为

$$B = [230 + 10.60 + (3 \sim 4)]\text{mm} = 243.60 \sim 244.60\text{mm}$$

作长730mm、宽245mm的长方形，如图2-44所示。

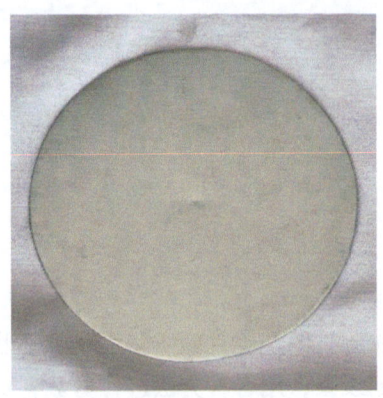

图2-43　壶底放样

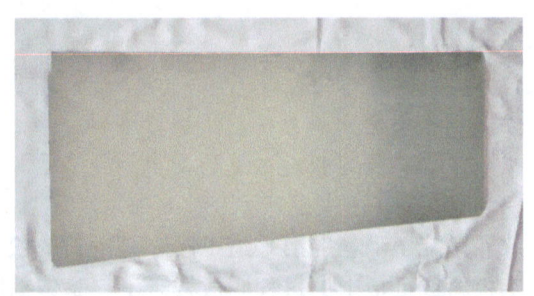

图2-44　壶身放样

3. 上盖的放样

根据上盖展开图进行放样。直边要卷边，卷边直径 $d = 4$mm。

卷边展开长度为

$$L_2 = \pi \times 3/4 \times (d+t) = 3.14 \times 3/4 \times (4+0.5)\text{mm} = 10.60\text{mm}$$

放样是要留出10.60mm的卷边量。

上盖放样如图2-45所示（图上两边剪去的部分，是从工艺的角度考虑）。

4. 导水管的放样

导水管是一个圆锥台，壶身是一个圆柱体，导水管与壶身相贯。用辅助球面法求圆锥台面侧交圆柱面相贯线及其展开图，如图2-46所示。

图2-45　上盖放样

图2-46　导水管放样

5. 拉条展开图的绘制

拉条是圆锥台的一部分，为此可以按照圆锥的展开图绘制，如图 2-47 所示。

6. 把手放样

把手放样如图 2-48 所示。

$$长 = \pi R + 2 \times 余量 = (3.14 \times 100/2 + 2 \times 15) \text{mm} = 187 \text{mm}, 宽 = 25 \text{mm}$$

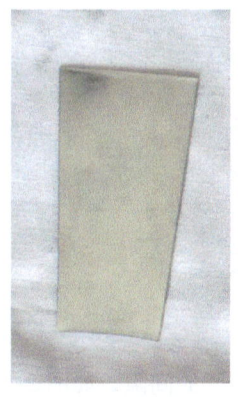

图 2-47 拉条展开图

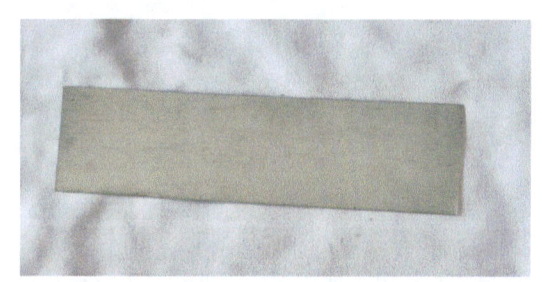

图 2-48 把手放样

7. 箍条放样

在板料上作长 735mm、宽 30mm 的长方形，如图 2-49 所示。

图 2-49 箍条放样

8. 桶梁放样

截取长度 370mm、直径 5mm 的钢筋，如图 2-50 所示。

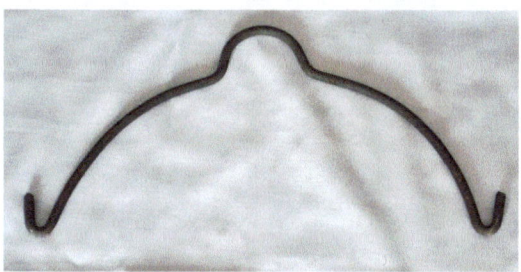

图 2-50 桶梁放样

二、手工成形制作

1. 壶身与壶底的手工成形

1）将毛料边缘去除毛刺后划好弯曲线。

2）将壶身毛料短边一端放在平台或铁砧上，按弯曲线用木槌将毛料弯曲成90°，如图2-51所示。

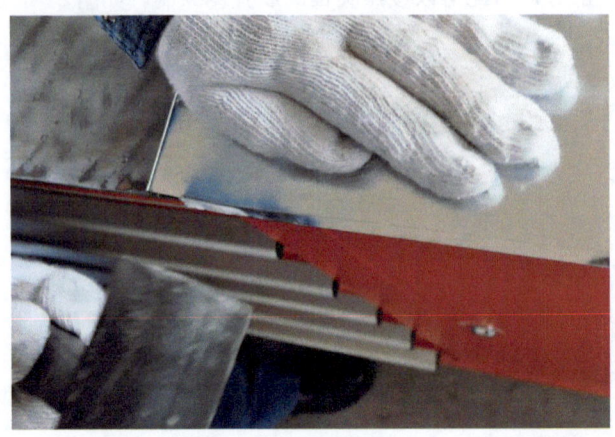

图2-51 毛料弯曲90°

3）将板料翻转，用木槌使90°弯曲进一步压弯，留出不小于板厚的间隙，如图2-52所示。

4）将板料前移，敲弯制成防缩扣，如图2-53所示。板料的另一端用同样的方法制成，方向相反。

5）将毛料放在平台上，使其要卷边的长边第一条卷边线对准平台边缘，左手压住毛料，右手用木槌敲打伸出平台部分的边缘，使之向下弯曲85°~95°，如图2-54所示。再将板料向外伸，直至第二条卷边线对准平台边缘为止，并在第一次敲打的边缘处继续敲打，使其边缘靠上平台。

6）将板料翻转，使卷边向上，轻而均匀地敲打卷边向里扣，使卷曲部分逐渐呈圆弧形，如图2-55所示。

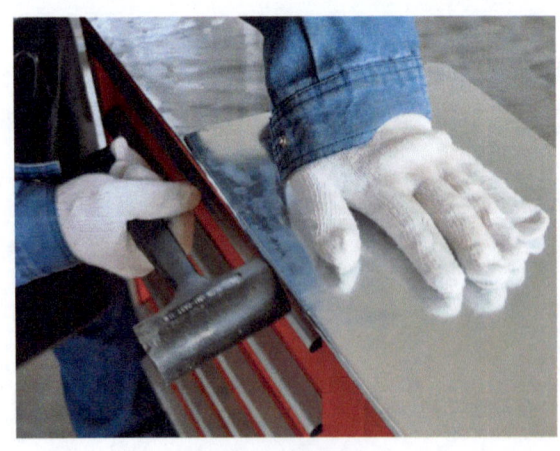

图2-52 板料压弯

图2-53 制成防缩扣

7）将板料继续外伸，使第三条线对准平台边缘，向下轻敲卷边，使卷边中心与板料平面在一个平面上为止。在板料的一个长边制筋，如图2-56所示。

图 2-54　木槌敲打边缘

图 2-55　卷曲部分呈圆弧形

图 2-56　长边制筋

8）将板料圈圆，再将两边扣合并用木槌敲紧，如图 2-57 所示。
9）在圆钢或方钢上修正圆筒外形，如图 2-58 所示。

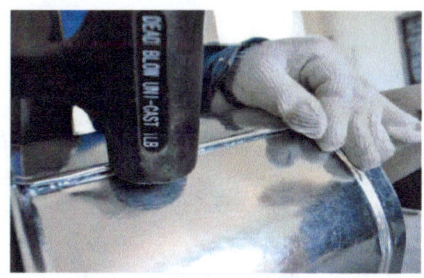

图 2-57　木槌敲紧

图 2-58　修正圆筒外形

10）将圆筒底边沿弯曲线向外放边，如图2-59所示。

11）将壶底板料边缘去除毛刺划好弯曲线，将毛料放在平台或铁砧上，按最外一条线拔缘，用木槌将毛料弯曲成90°，如图2-60所示。

图2-59 向外放边

图2-60 毛料弯曲

12）将圆筒放进壶底的90°弯曲内，使圆筒放边与壶底90°内侧吻合，将壶底拔缘部分向里敲弯咬紧。为了防止咬合后漏水，可在结合部位涂一层密封胶，如图2-61所示。

13）将钢轨伸进圆筒内，抵住圆筒底部边缘，按照壶底第二条线进行第二次咬合，如图2-62所示。

图2-61 敲弯咬紧

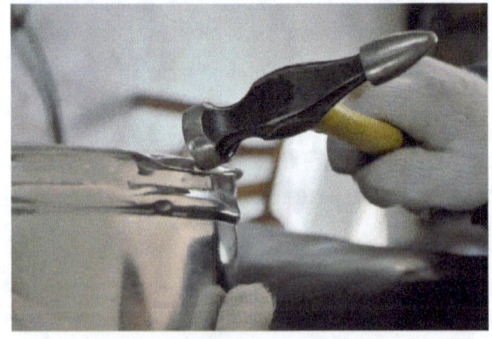

图2-62 二次咬合

2. 导水管的手工成形

1）将毛料边缘去除毛刺后划好弯曲线。

2）将毛料一边放在平台或铁砧上，按弯曲线用木槌将毛料弯曲成90°，如图2-63所示。

3）将板料翻转，用木槌使90°弯曲进一步压弯，留出不小于板厚的间隙，再将板料前移，敲弯制成防缩扣。板料的另一端用同样的方法制成，方向相反。

4）将板料按弯曲素线进行敲击，先弯两头，后弯中间，圈合成圆锥形，将两边扣合并用木槌敲紧，并在圆钢上修正圆锥外形，如图2-64所示。

图 2-63　毛料弯曲

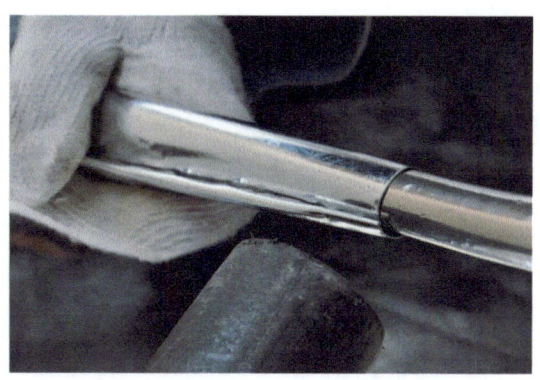

图 2-64　修正圆锥外形

3. 上盖的手工成形

1）将上盖毛料放在平台上，使其直边第一条卷边线对准平台边缘，左手压住毛料，右手用木槌敲打伸出平台部分的边缘，使之向下弯曲 85°~95°。

2）将板料向外伸，直至第二条卷边线对准平台边缘为止，并在第一次敲打的边缘处继续敲打，使其边缘靠上平台。

3）将板料翻转，使卷边向上，轻而均匀地敲打卷边向里扣，使卷曲部分逐渐呈圆弧形。将板料继续外伸，使第三条线对准平台边缘，向下轻敲卷边，使卷边中心与板料平面在一个平面上为止，如图 2-65 所示。

4）将板料曲线边放在木毡上，用圆锤轻敲，使其稍微向里卷曲，如图 2-66 所示。

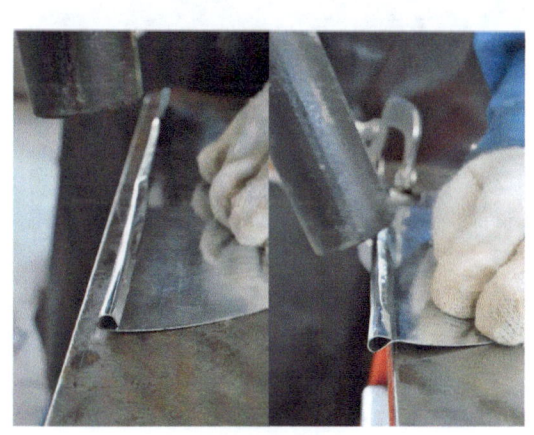

图 2-65　敲打卷边

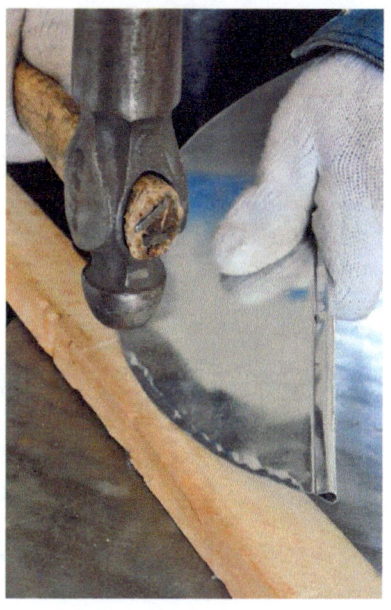

图 2-66　板料向里卷曲

5）将板料放在圆形铁砧上，用木板沿素线敲击，敲出上盖的形状，如图2-67所示。

4. 拉条的手工成形

将毛料边缘去除毛刺后划好弯曲素线，弯曲时按照素线方向锤击，制成如图2-68所示形状。

图2-67　敲出上盖

图2-68　拉条手工成形

5. 把手的手工成形

1）将毛料边缘去除毛刺，沿长边向同一个方向弯曲，制出卷边，沿长度方向在中间制筋。

2）用台虎钳弯曲成把手的形状，如图2-69所示。

6. 导水管的安装

1）为了保证洒水壶装满水不会外溢，导水管出水口必须高出壶沿，确定出水管的安装位置，然后用弯嘴铁剪剪掉中间多余的部分，如图2-70所示。

图2-69　把手形状

图2-70　导水管安装位置

2）将导水管与壶身用锡焊焊接到一起，需要在施焊的部位先涂上一层盐酸，如图2-71所示。

3）将上盖安装，用锡焊焊接到一起，如图2-72所示。

车身修理基础知识 单元二

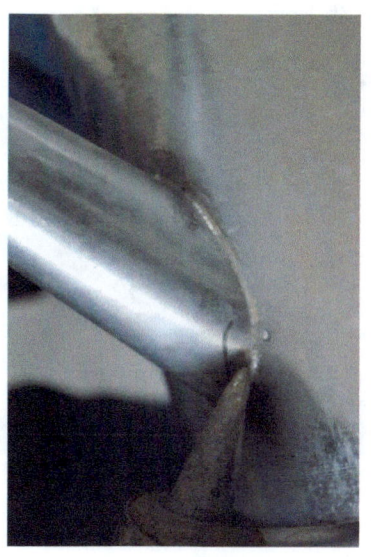
图 2-71 锡焊焊接

图 2-72 上盖安装

4）将拉条一端焊接到壶身，另一端焊接到出水管，如图 2-73 所示。

7. 把手的安装

1）确定把手位置。与导水管对应，确定把手位置。
2）用铆钉将把手铆接到壶体上，如图 2-74 所示。

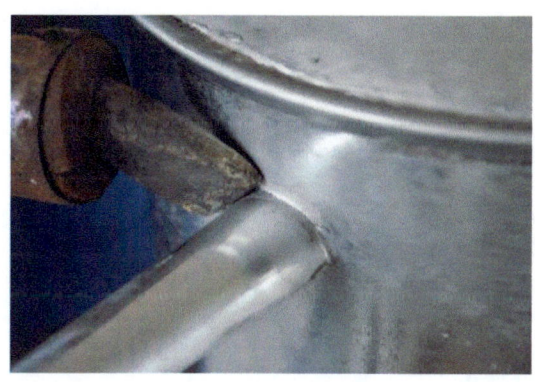
图 2-73 拉条焊接

图 2-74 把手安装

8. 箍条的手工成形

1）将壶体底部尺寸用箍条板料圈合，用铆钉铆接即可，如图 2-75 所示。注意箍条壶底要有一定的预紧度，太紧则壶底不平，太松则会掉下来。将以上部件组合装配到一起。

2) 箍条铆接。用铆钉将箍条铆接成圆环，如图 2-76 所示。

图 2-75　箍条长度

图 2-76　箍条铆接

3) 将铆接好的箍条安装到壶底上，如图 2-77 所示。

图 2-77　箍条安装

课后习题

分组制作洒水壶，要求组内分工协作。

单元小结

本单元主要学习了车身修复的基本知识，包括车身维修常用工具及其使用方法和注意事项，通过综合的洒水壶制作达到熟练掌握常用工具的使用。

单元三

汽车车身结构

学习导入

完成本单元学习后，你应能：
1. 了解车身的发展历程；
2. 知道汽车车身的分类及车身材料的性能；
3. 掌握车身结构中的每一个结构；
4. 掌握常见车型如大众、科鲁兹、雪佛兰等的车身具体结构、构件安装和连接关系。

课题一　汽车车身的发展历程

学习目标

1. 了解车身外形的发展过程。
2. 了解车身结构的发展过程。

1886 年德国工程师 Karl Benz 和 Gottlieb Daimler 分别发明了三轮和四轮汽油汽车，当时的汽车几乎没有车身，如图 3-1 所示。

图 3-1　三轮和四轮汽油汽车

进入 20 世纪，车速的提高使乘员难以忍受迎面风，因而人们考虑增加挡风板，设计人员开始日益重视车身设计。这一时期的汽车车身基本沿用了马车的车身结构，多为木结构形式。

1900 年出现了第一个全金属车身，但由于当时的金属冶炼技术和加工技术不能满足车身制造的要求，因而到 1912 年才有爱德华·巴特首次制成了全金属的实用车身。

人类进入工业社会之后，汽车车身形式经历了漫长的发展过程，而轿车车身主要经历了箱型汽车、甲壳虫汽车、船形汽车、鱼形汽车、楔形汽车和贝壳形汽车的发展演变过程。

1920 年，由于材料、成形和焊接等方面技术的进步，汽车车身出现了整体车身结构的设计思想，即用薄壁结构制成硬壳式金属整车车身，汽车车身由敞篷为主转变为以封闭的箱式车身为主。

1924 年通用汽车公司在生产的奥克兰轿车上首先采用了 Duco 彩色面漆，从而一改汽车清一色的黑色传统形象，为以后的车身美学造型创造条件。

1925 年文森卓·兰西亚在整体式车身结构的基础上发明了承载式车身（整个车身承受载荷），车身由钢板冲压成形的金属结构和大型覆盖件组成，这种金属结构的车身一直沿用至今，如图 3-2 所示。

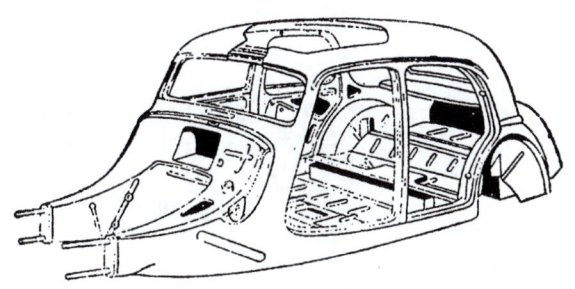

图 3-2　承载式车身

随着生活节奏的加快，人们对车速的要求也越来越高。要想使汽车跑得快，一是增大功率（车重随之增加），二是减小空气阻力（影响视线）。箱式车不理想，于是开始寻求流线型车。

一、甲壳虫车身（流线型 1933）

甲壳虫车身如图 3-3 所示。

这是美国克莱斯勒气流牌
(1934年)汽车,该车首先采用流线型

这是美国林肯和风牌(1936年)
汽车,继气流牌以后成功的造型,
精心设计的散热器罩具有动感

这是德国大众牌1200甲壳虫型
小客车,4缸、风冷汽油机、34马
力、速度为115km/h

这是甲壳虫型车,后背酷似甲壳虫的外壳

图 3-3　甲壳虫车身

二、船形车身（福特 1949）

该型车身一改传统的设计方法，把前翼子板和发动机舱盖、后翼子板和行李箱盖融于一体，前照灯和散热器罩形成一个整体，车身两侧形成一个平滑的面，车室位于车的中部，整个车身造型仿如几个长方体的几何形体拼成一个船形。船形车身设计上体现了人体工程学中以人为主体的设计思想。时至今日，现在的轿车无论为流线型还是在前翼子板与发动机舱盖之间大圆角过渡或者在轿车尾部做变动，都能看到船形车身的影子，如图 3-4 所示。

图 3-4　船形车身

三、鱼形车身

设计者把船形车身的后风窗玻璃逐渐倾斜，使车身从侧面看上去为斜背式，形状上很像鱼的脊背，人们把这种形状的车身叫作鱼形车身。鱼形车身比起船形车身有很大的优点，它使围绕车身的气流比较平顺，空气涡流较小，而且车室宽大，视野开阔，侧面形状阻力较小，同时增大了行李箱容积，如图 3-5 所示。

图 3-5　鱼形车身

四、楔形车身

楔形车身整体向前下方倾斜，车身后部陡然平直。这种车身外形不但能有效地克服汽车升力等问题，而且适用于高速行驶。这种车身外形是目前较为理想的车身，如图 3-6 所示。

图 3-6　楔形车身

汽车车身历史的转折期是1928年，当时美国费城Budd公司申请了带门洞和窗洞的全金属车身专利。用薄钢板冲压出车身所有的构件并将各部分进行对焊，通过减少零件和连接数量大大减少了生产工序和降低成本。

20世纪30年代末～40年代中期由于二次世界大战使得军用吉普车得到了快速发展。战后，吉普车的诸多优点应用于民用车上。

20世纪50年代是车身发展的黄金时期，出现了诸如造型、结构、力学和工艺等汽车车身的综合课题。

20世纪80年代以后，由于材料、工艺等技术的迅猛发展，汽车车身在各方面都发生了质的飞跃。图3-7所示为现代轿车车身。

图3-7 现代轿车车身

课后习题

归纳汽车车身的发展过程。

课题二 汽车车身分类

学习目标

1. 能知道汽车车身的分类。
2. 了解汽车车身车架形式。

一、汽车车身分类

现代汽车类型包括轿车、客车、货车、牵引车、汽车列车、特种车、工矿自卸车、农用汽车和越野汽车。

汽车车身按用途分类可以分为轿车车身、货车车身、客车车身和专用车身。图3-8所示为各类车身。

图 3-8　各类车身
a）轿车　b）客车　c）货车　d）牵引车　e）农用汽车　f）工矿自卸车

按车身材料分为金属车身、轻合金车身和非金属车身等。

一般来讲，比较明确而又合理的分类形式是从结构和设计观点出发的，按车身承载形式来分。

按承载形式的区别，可将车身分为：非承载式、半承载式和承载式三大类，其定义如下：

1. 非承载式（有车架式）

一般货车（除微型货车）、大客车、专用汽车及大部分高级轿车上都装有单独的车架，车身上的载荷主要由车架来承担，但车身仍在一定程度上承受由车架弯曲和扭转变形所引起的载荷。图3-9所示为非承载式。

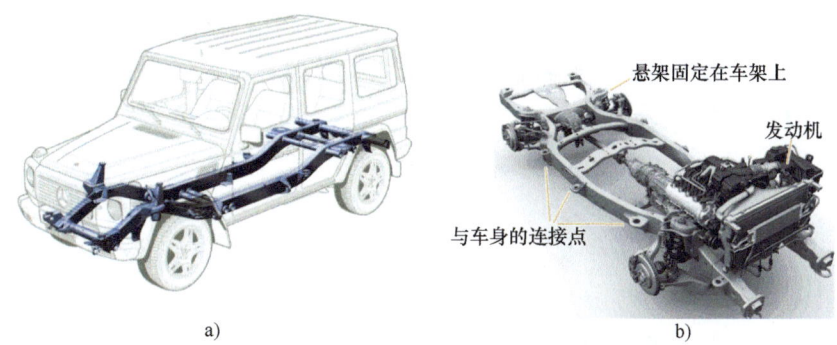

a) b)

图 3-9 非承载式车身

2. 半承载式

半承载式是一种过渡型的结构，车身下部仍保留有车架，不过它的强度和刚度要低于非承载式的车架，一般将它称为底架。它之所以被命名为半承载式是出于：车身也分担了部分载荷，以此来减轻车架的自重力。这种结构形式主要体现在大客车上，如图 3-10 所示。

图 3-10 半承载式车身

3. 承载式（无车架式）

承载式车身无车架，车身的强度和刚度通常主要由车身下部来予以保证，一般中低档轿车车身属于承载式车身，如图 3-11 所示。

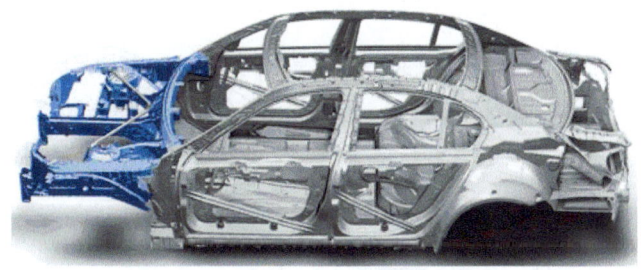

图 3-11 承载式车身

二、汽车车身的车架形式

1. 非承载式车身的车架形式（或称大梁类型）

非承载式车身的大梁式车架的基本结构由两条侧梁和几条横梁构成，大梁式车架可以根据其形状分成多种类型。

（1）梯形大梁　梯形大梁是原始的机动车大梁，由两个平行的侧梁通过几条横梁连接起来。即使在今天，这也是重型车辆上最常见的大梁类型。通常，大型货车车架使用槽钢、梯形大梁及车身，如图3-12所示。

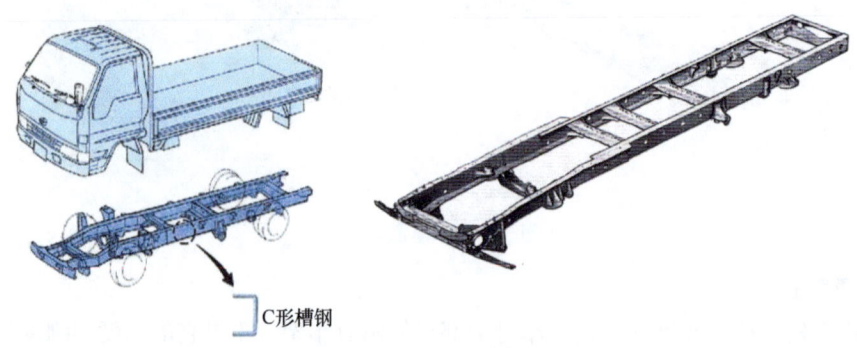

图3-12　梯形大梁

（2）边框式大梁　边框式大梁是一种用于轿车的梯形大梁，其侧梁有一个大的偏心部分，从而沿车身的边框构成大梁；部分侧梁的截面形状随之改变，以保证一个平而低的底盘。边框式大梁的车身结构介于梯形大梁和整体式车身之间，如图3-13所示。

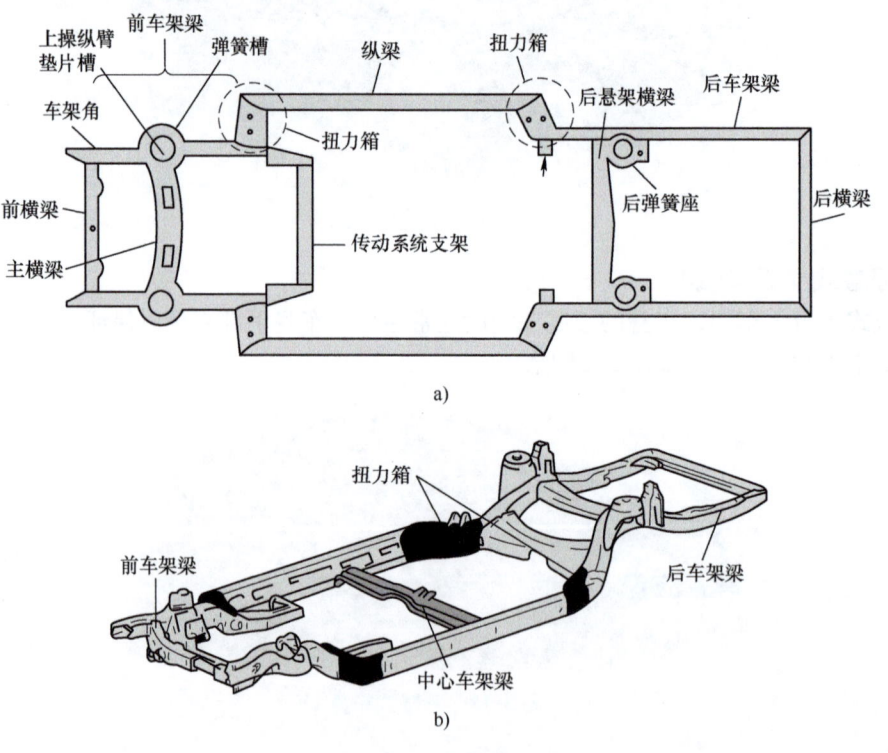

图3-13　边框式大梁

（3）脊背式大梁　脊背式大梁是车辆的主干，其形状就像一个单一的通道，其基本功能与其他形式车辆上的大梁相同。脊背式大梁的一个特征就是传动轴和管路是封闭在大梁中的。这种大梁在早期的丰田运动型汽车2000GT中采用过，脊背式大梁如图3-14所示。

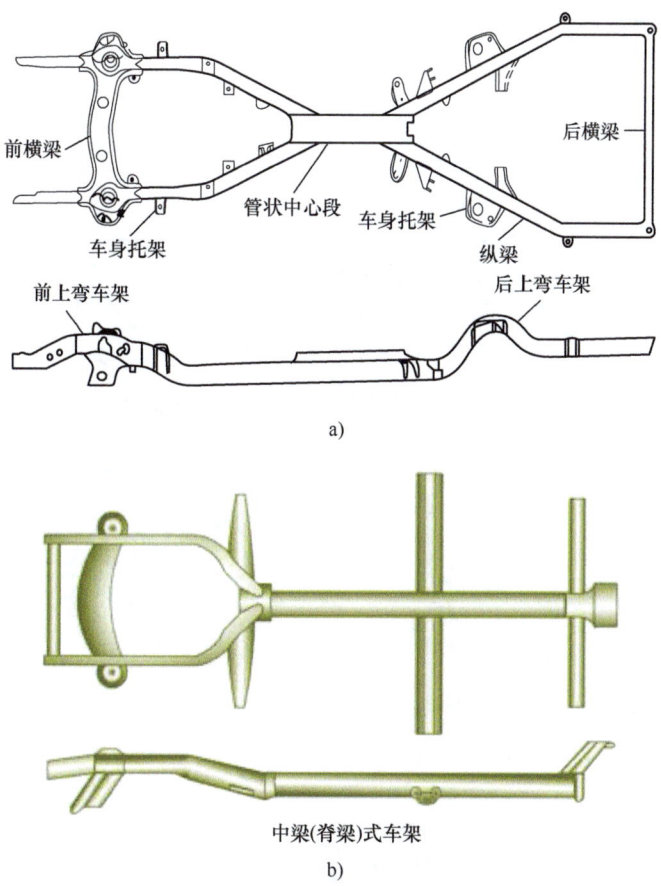

图 3-14　脊背式大梁

（4）钢管式大梁　钢管式大梁由焊接在一起的钢管件构成，其结构就像一个鸟笼。因为钢管式大梁车辆的底盘和车身是由钢管构成的，所以并不完全是大梁式车架。其整体形式类似于一辆由钢管制成的、经防滚架加固的赛车，这种大梁不用于普通车辆，如图 3-15 所示。

2. 大梁式车身车辆的车身构造

大梁式车身车辆的车身构造与整体式车身构造基本相同，整体式车身的车辆上安装有发动机和悬架系统等组件。为承受与这些组件相关联的应力，整体式车身包含极其坚固的前、后侧梁。这是因为大梁式车身的车辆使用其大梁来支撑发动机和悬架系统等组件的重量或应力，如图 3-16 所示。

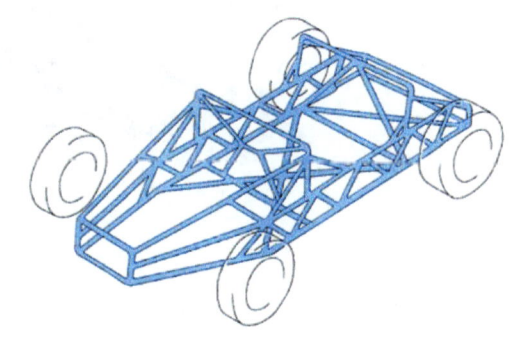

图 3-15　钢管式大梁

3. 大梁式车架和车身的连接

大梁式车架和车身由 8~12 套螺栓、螺母和橡胶套联接而成。由于车身安装在橡胶衬套顶部，所以驾驶时感到非常舒适。橡胶衬套分为两种类型：一种是压缩型，起到衬垫的作用；另一种是剪切型，由内套环和外套环组成。在车辆前部撞击过程中，如果大梁受到较大的碰撞，则惯性将使车身移动，这可能将使车身的安装螺栓以及安装螺栓的区域受到损伤，如图 3-17 所示。

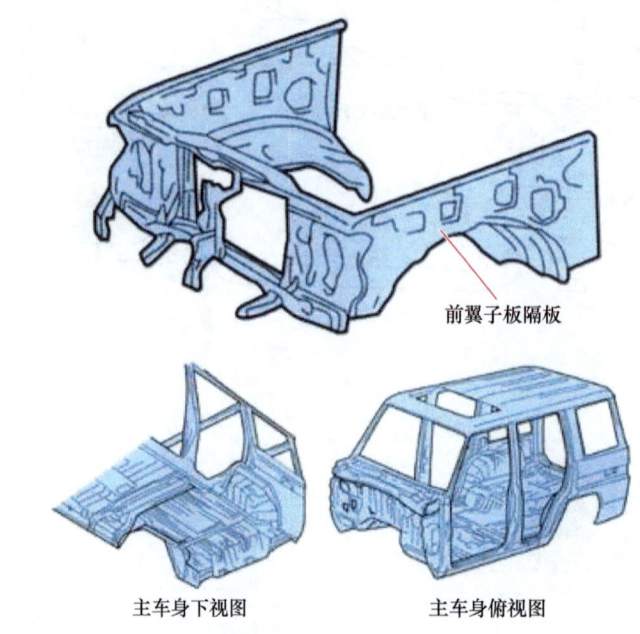

图 3-16　大梁式车身车辆的车身构造

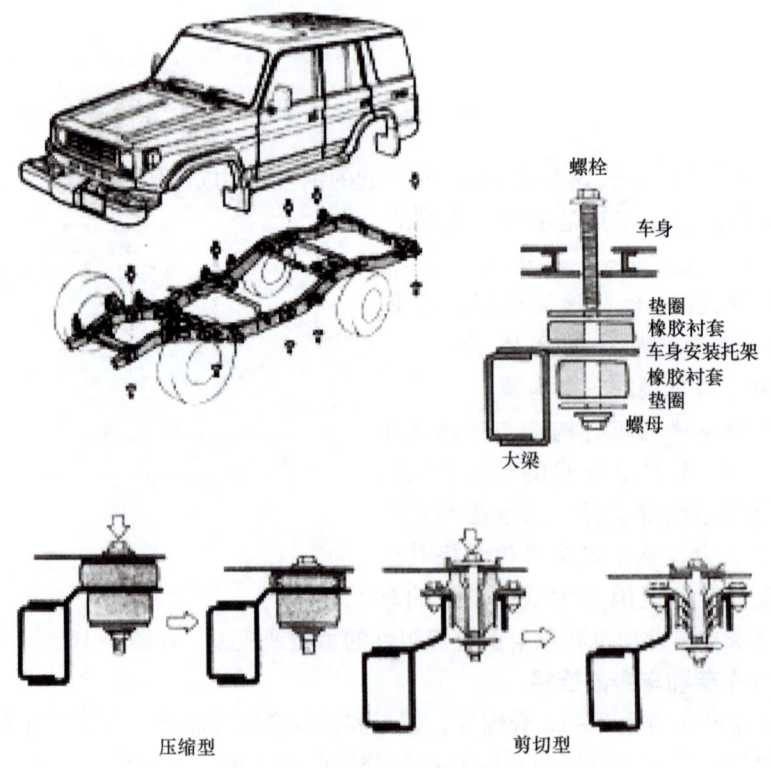

图 3-17　大梁式车架和车身的连接

4. 大梁式车身车辆的新结构

大梁式车身的车辆，在设计上通过对车身增加加强板以增强其强度，并将底盘设计为可通过前部和后部的形变来吸收碰撞能量的形式。

（1）对大梁的改动　大梁前部通过轴向压缩吸收撞击能量，而大梁后部通过拱起的弯曲度吸收撞击能量。构成底架的中心大梁具有较大的横截面面积，并使用了高强度钢，以提供增加的刚度和强度。大梁中心部分的宽度也已加宽，已承受来自侧面的冲击力，大梁的改动设计如图3-18所示。

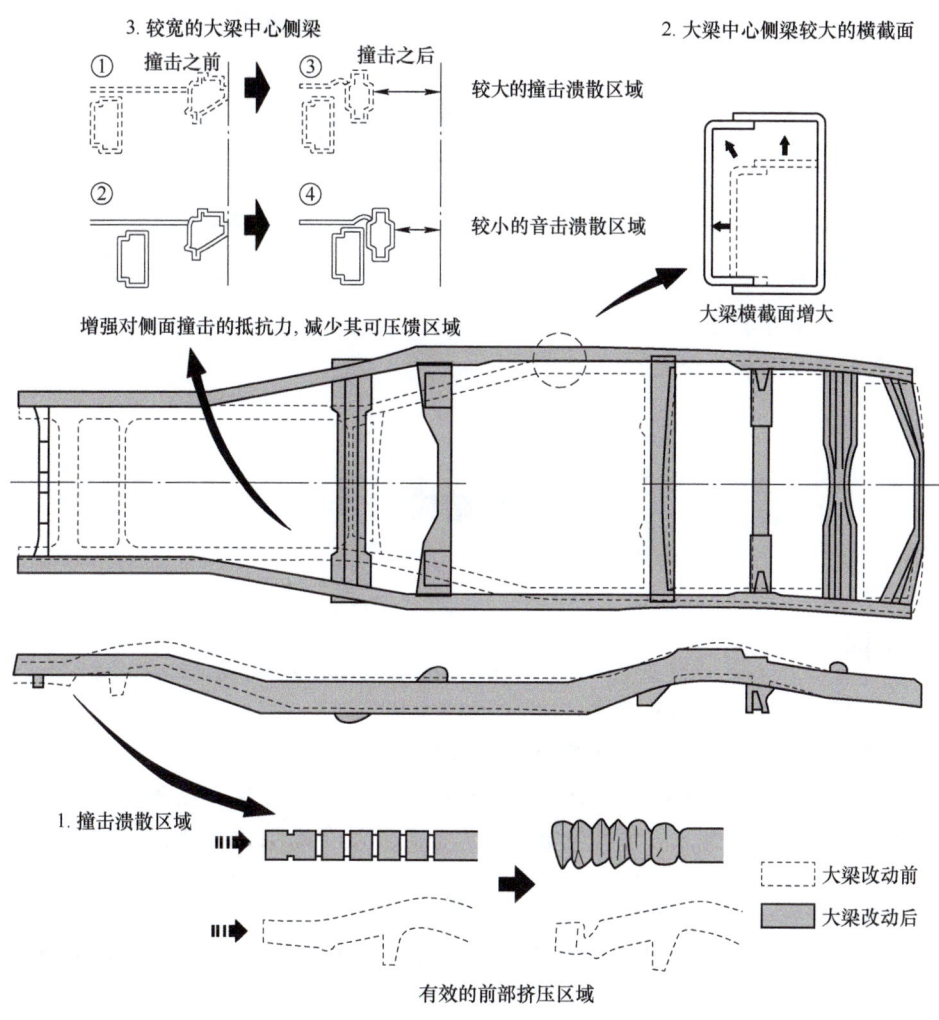

图3-18　大梁的改动设计

（2）对车身的改动　车身的改动设计提高了车身中间位置的强度和刚度。为增加整个车身的刚度，防止车身在侧面撞击过程中变形，改动设计扩大了中柱和车门槛板的截面面积，增加或加大、加厚了加强板；使用较薄的车身外板，以减小车辆总质量，车身的改动设计如图3-19所示。

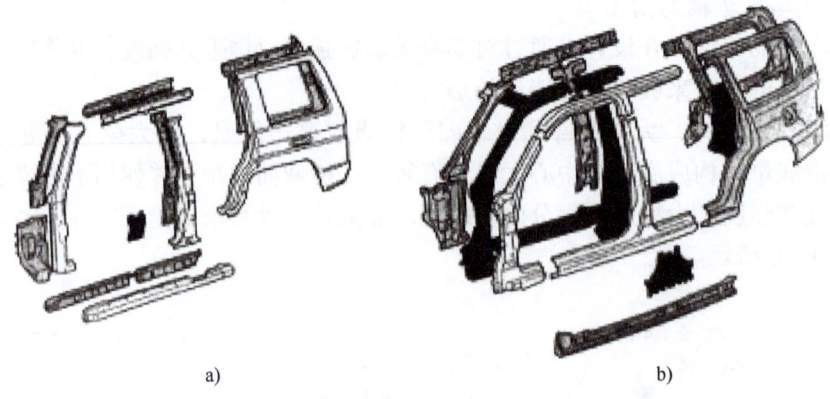

图 3-19 车身的改动设计

a）旧型号　b）新型号

课后习题

1. 简述汽车车身类型。
2. 汽车车身类型如何分类？

课题三　汽车车身结构

学习目标

1. 掌握汽车车身的结构形式。
2. 能够识别车身本体结构中每个组成部分的名称。

车身作为车辆的重要组成部分，对整车的安全性、动力性、经济性、舒适性及操控性有着重要的影响，同时汽车的个性化也是通过车身设计表现出来的。一般来说，车身包括白车身及其附件。

由各种各样的骨架件和板件通过焊接拼装而成的轿车车身，也就是行业俗称的"白车身"，白车身通常指已经装焊好但尚未喷漆的白皮车身（Body in White），包括翼子板、发动机舱盖、车门、行李箱盖或背门等装配件。白车身的各个部分都有专有名称。

一、轿车车身（承载式车身）

1. 轿车车身的分类

1）轿车车身按外形分为三厢式轿车和两厢式轿车。三厢式轿车由发动机舱、乘客室和行李箱分段隔开，形成相互独立的三段布置，故称为三厢式轿车，其外形如图 3-20 所示。两厢式轿车后部形状按较大的内部空间设计，将乘客室与行李箱按同一段布置，故称为两厢式轿车，其外形如图 3-21 所示。

图 3-20　三厢式轿车

图 3-21　两厢式轿车

2) 根据形状及其使用目的，轿车车身又可分为下列几种形式：

① 轿车。轿车有前后两排座椅，能乘坐 4~6 人，由发动机舱、乘客室和行李箱组成，通常称为三厢车。由于车身前后柱倾斜度较大，所以能够提供较大的头部空间以及宽敞的室内空间。依照车门数的不同，可以分为四门和两门两种形式，如图 3-22 所示。

a)　　　　　　　　　　　　　　　　b)

图 3-22　按车门数分类
a) 四门轿车　b) 两门轿车

② 轿跑车。轿跑车是一部具有跑车性能以及优美外形的小客车，其后座较狭窄，不像轿车有较宽敞的空间。通常，大部分轿跑车为两门形式，如图 3-23 所示。

图 3-23　轿跑车

③ 硬顶式。此种形式车辆的中柱未连接到车顶，而且车门也没有窗框。然而，目前也有中柱与车顶连接在一起的形式，称为中柱硬顶式。不论是硬顶式或中柱硬顶式，其室内空间都比四门轿车略小，如图 3-24 所示。

图 3-24　硬顶式轿车

④ 掀背式。掀背式小客车的背门倾斜角度大且可掀起，乘客室和行李箱空间结合在一起。根据背门倾斜角度的大小，可以分为仓背式以及斜背式。根据车门数量则可分为跑车型的三门掀背式和实用型的五门掀背式，如图 3-25 所示。

图 3-25　掀背式轿车

⑤ 箱型车和旅行车。箱型车和旅行车的车顶钢板延伸至车辆的尾端，它属于多用途车辆（MPV），这种车型加大行李箱空间、增加背门以供装载货物。旅行车强调乘坐的空间，而箱型车重视货物装载的空间，如图 3-26 所示。

图 3-26　箱型车和旅行车
a）箱型车　b）旅行车

3）轿车车身根据发动机放置和固定方式，基本结构可分成大梁式车身和整体式车身两种形式。整体式车身发动机的放置和驱动方式有 FF（前置发动机前轮驱动）形式、FR（前置发动机后轮驱动）形式、RR（后置发动机后轮驱动形式）和 MR（中置发动机后轮驱动）形式。大梁式车身只有 FR 形式和四轮驱动。

① FF 形式如图 3-27 所示。

② FR 形式如图 3-28 所示。

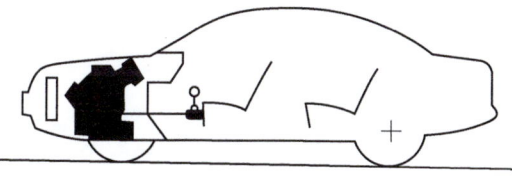 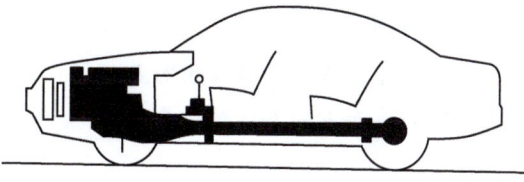

图 3-27　FF 形式　　　　　　　　　　图 3-28　FR 形式

③ RR 形式如图 3-29 所示。

④ MR 形式。发动机放在前、后轴之间或前轴之后、乘客之前，后轮驱动（前中置），属于 FR 型，但能达到理想的轴荷分配，提高操纵性。

⑤ 四轮驱动。无论发动机前置、中置还是后置，都可以采用四轮驱动。四个轮均有动力，附着利用率最高，但质量大、占空间，动力流失率比单轴驱动大。四轮驱动过去只用于越野车，近年来随着限滑差速器技术的发展和应用，四驱系统已经能够精确地调配转矩在各车轮之间分配，因此高性能跑车上的应用也越来越多。

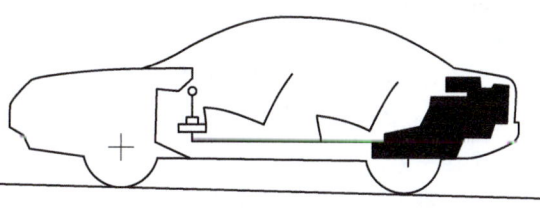

图 3-29　RR 形式

2. 轿车车身的本体结构

轿车按车身的本体结构分为车架式车身和单壳式车身。

(1) 车架式车身（非承载式车身） 车架式车身的结构由分开的车身和车架组成，如图 3-30 所示。

(2) 单壳式车身（承载式车身） 单壳式车身的结构由集成为一个整体的车体和车架组成。整个车身成为一个箱体，以保持其强度，如图 3-31 所示。

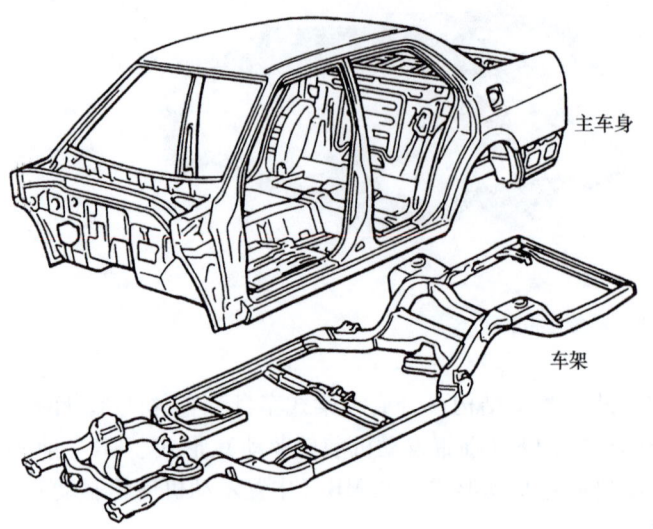

图 3-30　车架式车身

图 3-31　单壳式车身

课后习题

1. 综述轿车车身的结构形式。
2. 轿车车身的本体结构是什么？

课题四　轿车车身的组成

学习目标

1. 熟悉轿车车身各部件的名称及作用。
2. 掌握常见车型如大众、科鲁兹、雪佛兰等汽车的车身具体结构、构件安装和连接关系。

轿车车身结构主要包括车身壳体（白车身）、车门、车窗、车前板件、车身内外装饰件、车身附件、座椅以及通风、暖气、冷气、空气调节装置等。

车身壳体

车身壳体（白车身）是一切车身部件的安装基础，通常是指纵、横梁和支柱等主要承力元件以及与它们相连接的板件共同组成的刚性空间结构，如图 3-32 所示。

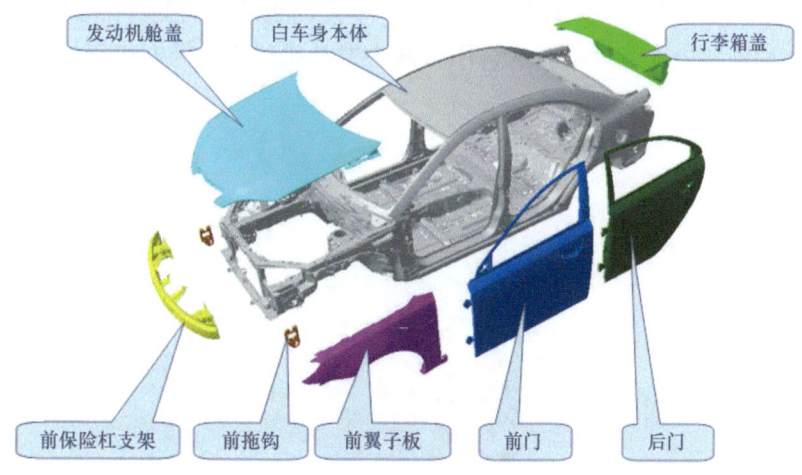

图 3-32　车身壳体

轿车车身壳体通常分为三段，即前车身、中间车身和后车身三大部分及相关构件。

轿车车身前部结构（钣金件）

客舱以前的车身部分，主要功能：形成发动机舱，为发动机及附件提供一个护罩；防止前轮甩泥；外观上体现车身造型设计要求；吸收碰撞能量。

（1）车前板制件　车前板制件是车身前部覆盖发动机和车轮的零部件的总称，如图 3-33 所示。

1）前翼子板。翼子板是遮盖车轮的车身外板，因旧式车身该部件形状及位置似鸟翼而得名。前翼子板位于汽车发动机舱盖侧下部、前轮上部，是重要的车身部件。其主要部件一般采用薄钢板冲压制造，通过螺栓和卡扣与车身前部翼子板安装架连接，如图 3-34 所示。

图 3-33　车前板制件

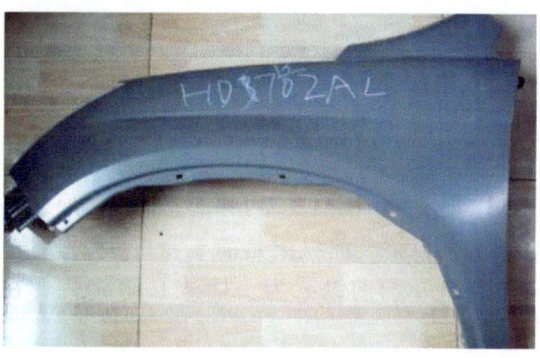

图 3-34　前翼子板

2）发动机舱盖。发动机舱盖位于车辆前上部，是发动机舱的维护盖板。发动机舱盖通常由内板、外板、铰链及其他附件（支撑垫、支杆、锁扣等）组成。发动机舱盖通常用冷轧钢板制成，现代车辆上多用高强度钢板，也有用铝制玻璃纤维和塑料罩的。因为它是一个大的覆盖件，为了在减少自重的同时增加强度和刚度，使它能可靠地固定在车身上，发动机舱盖一般都设有内加强板,形成具有内板和外板的双板式结构,并将内加强板冲压成的交叉形网状骨架贴靠在发动机舱盖外板轮廓部分。许多发动机舱盖内侧涂降噪层或粘有隔音垫,降噪层(或隔音垫)由人造纤维制成,用来减小发动机噪声,同时也隔绝发动机舱盖与发动机舱内的高温,如图3-35所示。

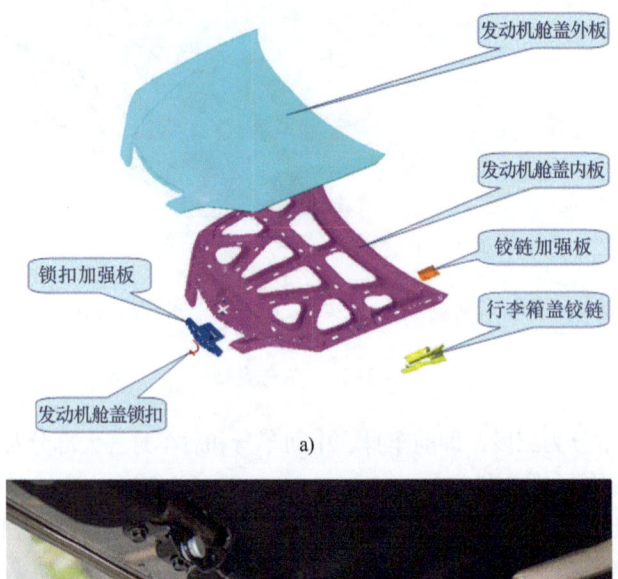

a)

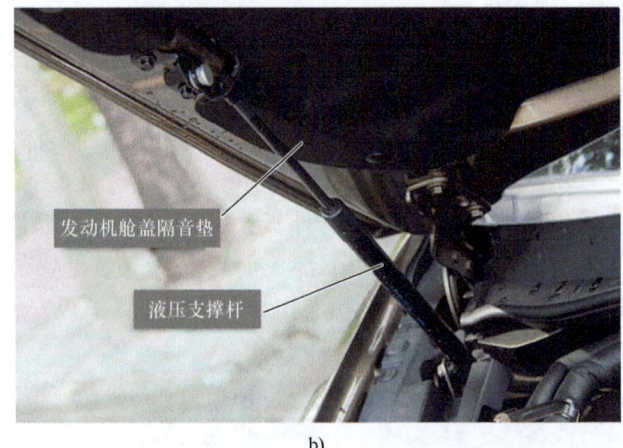

b)

图3-35 发动机舱盖
a)发动机舱盖的结构 b)有降噪层发动机舱盖

3)前围板。前围板位于乘客室前部,通过前围板使发动机舱与乘客室分开,如图3-36所示。

4)前纵梁。前纵梁是前车身的主要强度件,直接焊接在车身下部,其上再焊接轮罩(有的前轮罩与前纵梁为一体式)等构件,在汽车受撞击时起到缓冲的作用,如图3-37所示。

5)前保险杠面罩和配件。在汽车的前、后部最外端均安装有保险杠。其主要功能是,当汽车的前、后部与其他物体相撞时,保险杠可以有效地保护车身,减轻对被撞物体(或人)的损害程度;作为外部装饰,美化汽车的外形。保险杠的结构类型由于轿车的档次、生产厂家和型号的不同而千差万别。一般按部件的多少和组合方式,分为整体式和组合式两类。就目前常见的车型,除了一些经济型和老旧车型外,多数轿车配用的都是组合式保险杠,如图3-38所示。

汽车车身结构　单元三

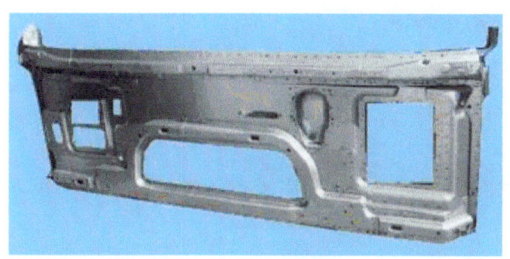

图 3-36　前围板

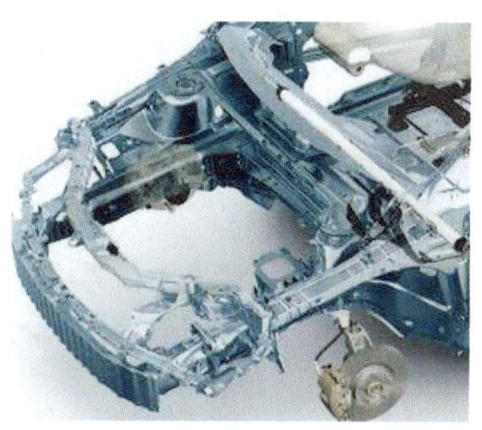

图 3-37　前纵梁

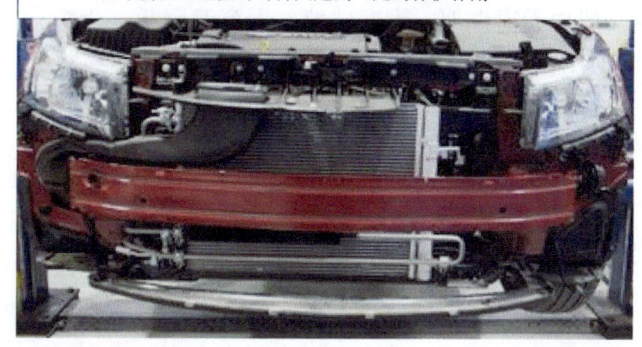

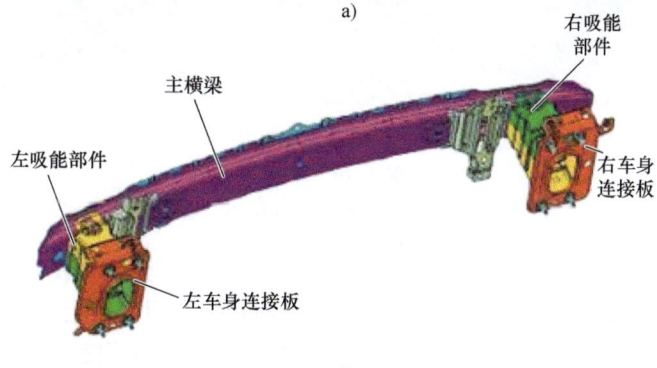

图 3-38　组合式保险杠

a）科鲁兹保险杠　b）吸能式保险杠

（2）中间车身结构　中间车身的立柱起着支持风窗和车顶的作用，一般下部做得粗大，上部的截面尺寸需要考虑驾驶视野而缩小。立柱包括前柱（A柱）、中柱（B柱）与后柱（C柱）三种，如图 3-39 所示。

55

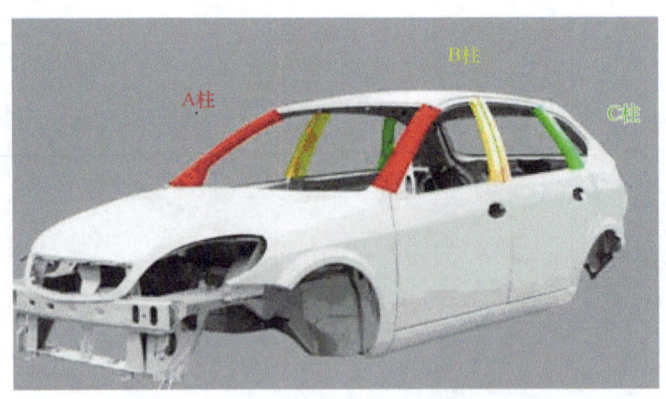

图 3-39　中间车身结构

1) 车顶。车顶是指车身车厢顶部的盖板，其上可能装有天窗、换气窗或天线等。车顶主要由车顶板、车顶内衬、横梁（可能有前横梁、后横梁和加强筋等）组成，有的车型还备有车顶行李架，如图 3-40a 所示。

2) 电动式天窗一般由天窗框架、天窗玻璃、天窗遮阳板、天窗导轨和驱动电动机等零件组成，如图 3-40b 所示。

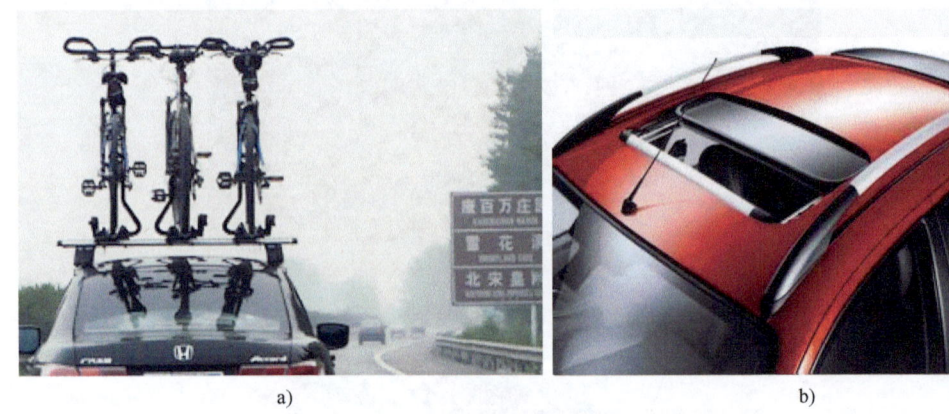

a)　　　　　　　　　　　　　　　b)

图 3-40　车顶
a) 带行李架的车顶　b) 装有电动式天窗的车顶

3) 车门。车门是成员上下车的通道，其上还装有门锁、玻璃和玻璃升降器等附属设施，车门框架是车门的主要钢架，铰链、玻璃和把手等均安装在门框架上。车门及附件主要包括车门板（车门外板和车门内板）、车门内饰板、车门密封条、车门铰链（一般包括车门上铰链和下铰链）、车门锁总成等部件。车门包括外板、内板、加强梁、侧防撞钢梁和门框。其中内板、加强梁和侧防撞钢梁以点焊结合在一起，而内板和外板通常是以褶边连接。另外，车门窗框通常是由点焊和铜焊结合而成，基于以上几点，车门形式大致分成窗框车门、冲击成形车门和无窗框车门三种，如图 3-41 所示。

(3) 后车身结构　轿车后车身是用于放置物品的部分，可以说是中间车身侧体的延长部分。三厢式车的乘客室与行李箱是分开的，而两厢车的行李箱与乘客室合二为一。图 3-42 所示为两厢车的行李箱盖。

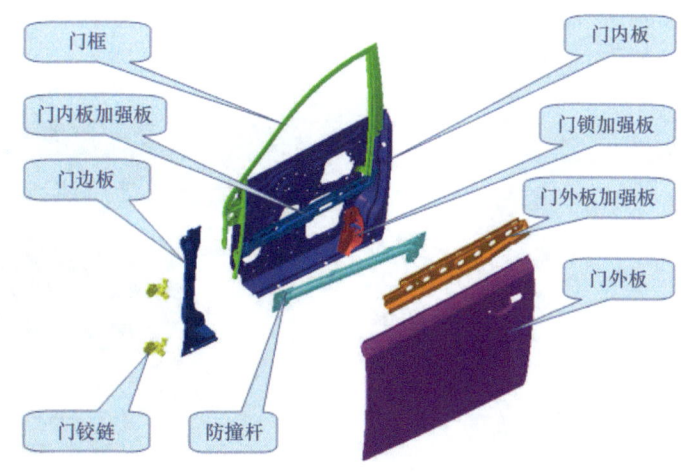

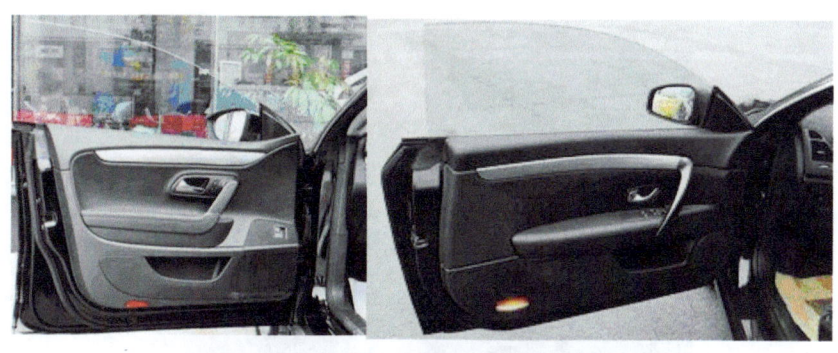

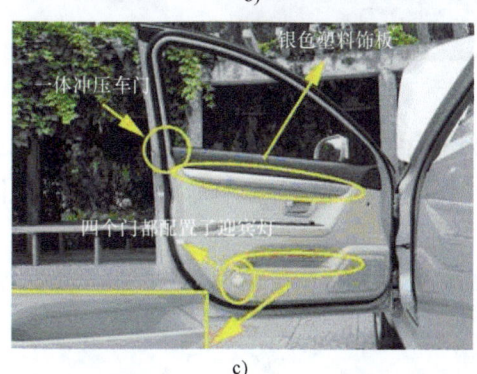

图 3-41 车门结构及形式
a）车门结构 b）无窗框车门 c）冲压成形车门

1）行李箱和行李箱盖。行李箱是装载物品的空间，是由行李箱组件与车身地板钣金件构成。行李箱大都位于轿车车身的后部，因此又俗称后备箱。行李箱盖的构造类似于发动机舱盖，包含了外板、内板和加强梁，并于内板和外板的四周施加褶边，而加强梁和支座是由点焊焊接于行李箱盖铰链和支座区域。除此之外，将密封胶涂抹于内板和外板的某些间隙当中，以确保外板有足够的张力，如图 3-43 所示。

2）后侧板。后侧板是指后门框以后的、遮盖后车轮及后侧车身的钣金件，如图 3-44 所示。

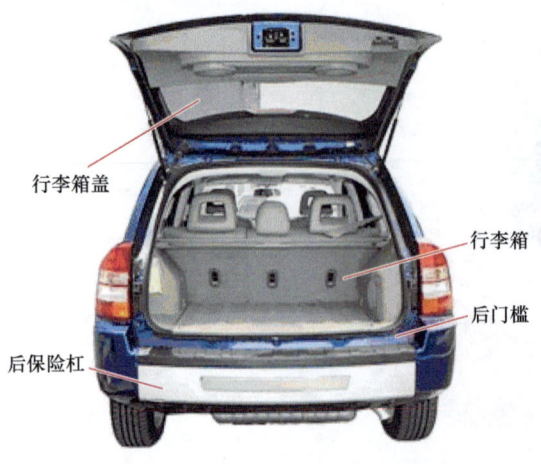

图 3-42　两厢车的行李箱盖

图 3-43　行李箱和行李箱盖

图 3-44　后侧板

3）后保险杠。后保险杠位于车身的尾部，起到装饰和保护车辆后部零件的作用。后保险杠主要包括保险杠外皮、保险杠杠体、保险杠加强件、保险杠固定支架以及保险杠装饰条，典型后保险杠及附件如图 3-45 所示。

a)

图 3-45　典型后保险杠及附件
a）后保险杠

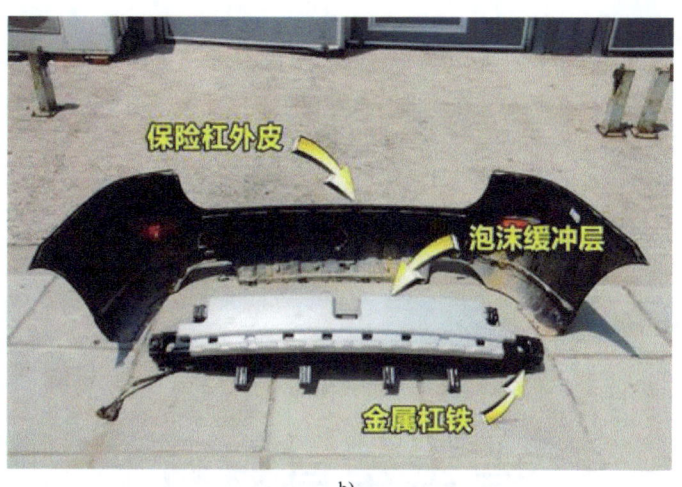

b)

图 3-45 典型后保险杠及附件（续）
b）后保险杠的结构

 技能训练

练习拆装汽车车身零部件。

课后习题

1. 简述轿车车身结构组成。
2. 车门及附件包括哪些部件？车门形式有哪几种？

本单元学习了汽车车身的发展过程，对车身进行了分类，对车身材料和车身结构进行了学习，着重掌握几种常见车型的车身结构、构件安装和连接。

单元四

汽车车身材料

学习导入

完成本单元学习后,你应能:
1. 了解汽车车身损伤的种类;
2. 运用正确方法判断各种损伤的范围;
3. 熟悉车身碰撞变形的特点;
4. 掌握车身测量的基本方法,了解车身测量系统的种类。

课题一　车身用钢板的特性及分类

学习目标

1. 了解车身钢板的主要性能。
2. 掌握车身常用钢板的性能。

一、车身用钢板的主要性能

车身用钢板的主要性能有：可塑性、弹性、加工硬化和热变形等。

1. 可塑性

可塑性又称为延展性，是指材料在外力作用下能延伸成细丝、碾成薄片而不断裂、破裂的性质。

2. 弹性

钢板的弹性是指在外力作用下钢板产生变形，若外力不超过某一值，在外力取消后，钢板再回复原状的性能。

3. 加工硬化

金属板可以用加热的方式来成形，也可常温成形（包括弯曲、伸张和压缩）。钢板在常温下成形有一定的限度，这就是加工硬化造成的。加工硬化是钢板在外力作用下不断产生的塑性变形而造成的材料渐变"变硬"，使加工困难。材料硬化后，可用气焊火焰加热到650℃左右，让其慢冷后即可以恢复它的加工性。

4. 热变形

普通钢材当温度加热到 800~1000℃ 时，即可开始加工，一直到温度降至 650℃。当温度降至 200~400℃ 时，钢材就会产生热脆化现象，从而较常温时缺乏延展性，而无法继续加工，必须再重新加热方可加工。当在钢板边缘上加热时，其受热部分就会产生膨胀，若用水冷却，因温度迅速降低，钢板会收缩产生塑性变形，从而能达到弯曲成形或整形的效果。

二、车身钢板的分类

车身用钢板主要使用厚度为 0.6~2.0mm 的冷轧或热轧薄钢板。近年来，为了防止锈蚀和使车身重量尽量轻，使用表面处理钢板和高强度钢板材料有显著增加的趋势，而装饰用的配件上则更多使用不锈钢板。

1. 热轧钢板

热轧钢板是指经高温轧延后制成的钢板，碳的质量分数一般在 0.15% 以下，硬度低，抗拉强度不高。但有较好的韧性和延展性，一般用于外观不需要很美观的部位，主要用于后轴壳、悬架、变速器壳和行李箱盖铰链等。热轧钢板的力学性能和用途见表 4-1。

表 4-1　热轧钢板的力学性能和用途

种类	符号	抗拉强度/MPa	抗拉试验 伸长率（%）						用途实例
			厚度 1.0~1.2mm	厚度 1.2~1.6mm	厚度 1.6~2.0mm	厚度 2.0~2.5mm	厚度 2.5~3.2mm	厚度 3.2~4.0mm	厚度 >4.0mm	
1种	SPHC	2.8以上	25以上	27以上	29以上	29以上	29以上	31以上	31以上	后轴壳
2种	SPHD	2.8以上	—	30以上	32以上	33以上	35以上	37以上	39以上	悬架、变速器壳
3种	SPHE	2.8以上	—	31以上	33以上	35以上	37以上	39以上	41以上	行李箱盖铰链

2. 冷轧钢板

冷轧钢板是指热轧钢板在经常温轧延及表面调质处理后制成的钢板。相比热轧钢板加工性能好，且表面美观。大多使用在汽车车身和机械零件等表面需要平滑美观的部件上。如汽车车身外板、零件的外壳、车顶板、行李箱盖、发动机舱盖、车门内外板、保险杠和挡泥板等。冷轧钢板分为三种，其主要用途如下：

（1）碳钢和低合金结构钢　冷轧钢板和钢带普遍适用于弯曲加工，轻度深冲加工，用以制作车身外板、零件的外壳、电气零件、钢制家具以及家庭用品等。相当于日本的SPCC。

（2）优质碳素结构钢　冷轧薄钢板和钢带使用在需要中等程度深冲成形的零件上，如电气机械、机械零件和各种容器等。相当于日本的SPCD。

（3）深度深冲用优质碳素结构钢　冷轧薄钢板和钢带使用在深度深冲成形，如汽车的覆轮盖、车门内板和油箱等。相当于日本的SPCE。冷轧钢板的力学性能和用途见表4-2。

表 4-2　冷轧钢板的力学性能和用途

种类	符号	抗拉强度/MPa	抗拉试验 伸长率（%）						用途实例
			厚度 0.25~0.40mm	厚度 0.40~0.60mm	厚度 0.60~1.0mm	厚度 1.0~1.6mm	厚度 1.6~3.5mm	厚度 >3.5mm	
1种	SPCC	2.8以上	32以上	34以上	36以上	37以上	38以上	39以上	车底板
2种	SPCD	2.8以上	34以上	36以上	38以上	39以上	40以上	41以上	车门外板
3种	SPCE	2.8以上	36以上	38以上	40以上	41以上	42以上	43以上	前覆轮盖、车门内板

3. 高强度薄钢板

高强度薄钢板是指抗拉强度达 6MPa 以上的钢板，它通常具有普通软钢板 2～3 倍的破坏强度。抗拉强度相当高，具有很强的抗破坏能力。主要用于车身外板和翼子板等。高强度薄钢板的力学性能见表 4-3。

表 4-3　高强度薄钢板的力学性能

分类	种类	符号	抗拉试验						
			抗拉强度/MPa	屈服强度/MPa	伸长率（%）				
					厚度≤1.0mm	厚度1.2～1.6mm	厚度1.6～2.0mm	厚度2.0～2.5mm	厚度2.5～3.2mm
冷轧	40kg 级	APFC40	4.0 以上	2.4 以上	30 以上	31 以上	—	—	—
	45kg 级	APFC45	4.5 以上	2.8 以上	26 以上	27 以上	—	—	—
	50kg 级	APFC50	5.0 以上	3.2 以上	23 以上	24 以上	—	—	—
	55kg 级	APFC55	5.5 以上	3.6 以上	20 以上	21 以上	—	—	—
	60kg 级	APFC60	6.0 以上	4.0 以上	17 以上	18 以上	—	—	—
热轧	50kg 级	APFC50	5.0 以上	3.5 以上	—	—	22 以上	23 以上	24 以上
	55kg 级	APFC55	5.5 以上	3.8 以上	—	—	21 以上	22 以上	23 以上
	60kg 级	APFC60	6.0 以上	4.0 以上	—	—	19 以上	20 以上	21 以上

4. 表面处理钢板

表面处理钢板是指在钢板的表面施以锌、铝等金属镀层处理的钢板，以及喷涂锌粉漆并施以烘烤处理的涂装处理钢板等。

（1）镀锌钢板　镀锌钢板由成卷的磨光钢板通过熔融的锌槽制成，若再将此熔锌镀锌钢板通过热炉加热，使其镀层的锌膜合金化，则成为合金化处理钢板。另一种施以电镀镀锌的镀锌钢板是将钢板置于锌的化合物溶解液中，以锌为阳电极，钢板为阴电极，通电使锌析出附着于钢板上制成。

这些镀锌钢板的涂膜密着性、电阻焊焊接性、锌膜附着层的均一性，以及成形加工性等各有所长，各钢厂会按照汽车制造厂对不同使用部位及零件使用特性的要求加以改进和完善。

（2）镀铅锡钢板　镀铅锡钢板是在冷轧光亮钢板上被覆一层铅锡金属，而铅锡为软金属，其覆盖膜具有润滑性，所以有利于压力机的成形加工，且焊接性也佳。若镀层覆盖膜完整就不会产生腐蚀，这种材料使用于汽车油箱的制品上。

（3）镀铝钢板　镀铝钢板使用在应对排气腐蚀和排出废气高温化的排气管等制品上。车辆行驶时受到飞溅泥水和排放废气的影响，将使排气管等排气系统的零件快速腐蚀。在这样的条件下，采用镀铝钢板比一般的镀锌钢板稳定耐用，且价格比不锈钢便宜，因此广泛地用于排气管等排气系统上。使用在车身上的表面处理钢板特征见表 4-4。

表 4-4 使用在车身上的表面处理钢板特征

名　　称		特　　征	使 用 部 位
镀层钢板	熔锌镀锌钢板（单面、双面）	1. 镀层表面粗糙 2. 涂装密着性问题	1. 下护板、车顶的内衬板、车门等 2. 车身底部
	合金化处理钢板	1. 电阻焊接性及涂料密着性良好 2. 加工成形受限制	—
	电镀镀锌板	1. 电镀层膜厚均一 2. 镀层膜厚可调整	—
	镀铅锡钢板	1. 压力机加工的成形性优良 2. 焊接性良好	汽油箱
	镀铝钢板	高湿情况下耐蚀性强	消声器、排气管等
涂装处理钢板（铅粉漆）		具有较佳的耐蚀性及加工性	下护板、车顶的内衬板、车门框等

（4）锌粉漆涂装处理钢板　锌粉漆涂装处理钢板为美国开发制成的涂装处理钢板，具有防锈力，同时也具有优秀的电阻焊接性，因而其用量在持续增加。以上介绍的表面处理钢板，可分为单面处理钢板和双面处理钢板两类。在涂装车身外板的场合，将表面处理钢板和普通冷轧磨光钢板混合使用时，涂装后的表面会显出鲜明的差别，且涂膜的密封性也有差异。表面处理的涂膜在遭受冲击时剥落，而产生涂装品质上的问题。因此，在车体的封闭部分（如侧护板等）使用单面的表面处理钢板；其内侧为表面处理层，具有耐蚀性，而外侧表面与整个车壳一起涂装防锈。

5. 不锈钢板

不锈钢板是在碳钢中添加铬和镍，经热轧和冷轧所制成的钣金材料，极富耐蚀性，外观为光滑美观的银白色。不锈钢按其中铬和镍成分的多少可分为铬不锈钢（Cr13% 马氏体钢、Cr18% 铁素体钢）、镍铬不锈钢（Cr18%，Ni18% 马氏体钢、奥氏体钢）。

铁素体钢以 SUS430（JIS. GB4301-13-1991）为代表，对应我国 1Cr17Mo（GB/T 3280—2007、GB/T 4238—2007）不锈钢和耐热钢冷轧钢板；奥氏体钢 0Cr18Ni10（GB/T 3280—2007、GB/T 4238—2007）不锈钢和耐热钢冷轧钢板和钢带对应于日本 SUS304，含有 18%~20% 的铬以及 8%~10% 的镍；0Cr23Ni13（GB 1220—2007）不锈钢和耐热钢冷轧钢板和钢带对应于日本 SUS309S（JISC，GB 4301-13-1991）冷轧不锈钢板和钢带；0Cr18Ni10Ti（GB/T 3280—2007、GB/T 4238—2007）不锈钢和耐热钢冷轧钢板和钢带对应于日本 SUS321（JISC4301-13-1991），具有良好的耐蚀性，在各种饰条类的零件上使用得很多。因为它具有优良的耐热性，在非金属车身排气系统的零件上也有使用。不锈钢板的化学特性和用途见表 4-5。

表 4-5 不锈钢板的化学特性和用途

名称	符号	化学成分（%）								用途实例
		C	Si	Mn	P	S	Ni	Cr	其他	
奥氏体钢	SUS 309S	0.08 以下	1.00 以下	2.00 以下	0.04 以下	0.03 以下	12.0~15.0	22.0~24.0	—	进气、排气歧管
	SUS 309S	0.08 以下	1.50 以下	2.00 以下	0.04 以下	0.03 以下	12.0~15.0	24.0~26.0	—	进气、排气歧管
	SUS 304	0.08 以下	1.00 以下	2.00 以下	0.04 以下	0.03 以下	12.0~15.0	18.0~20.0	—	车窗饰条、车轮饰盖
	SUS 321	0.08 以下	1.00 以下	2.00 以下	0.04 以下	0.03 以下	12.0~15.0	17.0~19.0	Ti5×C% 以下	排气管
铁素体钢	SUS 430	0.12 以下	0.75 以下	1.00 以下	0.04 以下	0.03 以下	—	16.0~18.0	—	—

技能训练

熟悉车身常用钢板，感知常用钢板的性能。

课后习题

1. 车身用钢板的主要性能有哪些？
2. 车身常用钢板有哪些？

 铝板及非金属材料

学习目标

1. 掌握铝板及车身常用非金属材料的主要性能。
2. 掌握铝板及车身常用非金属材料在车身上的使用。

一、铝

铝为银白色的金属，相对密度为 2.7，熔点为 657℃，而铁的相对密度为 7.8，熔点为

1535℃。在实用金属中除了镁及铋外，以铝为最轻，其纯度最高可达99.99%，而通常为98.0%~99.7%。铝在纯金属状态下，性质柔软，强度不大，故不适宜单独作为构造用材料。但是，加入其他金属制成合金后，常温或高温加工容易，且可获得相对优良的力学性能，此种合金称为轻合金。

在小轿车上使用铝材的部分，仅限于使用在强度上没有很大影响的车身零件上，如车门、发动机舱盖板和行李箱盖板等车身钣金零件上。其他也可以应用在外部零件上，其表面要求有金属的辉亮状的部分，如使用在饰条、散热器前饰罩和侧保险杠等处。当使用铝材时，为了防止氧化腐蚀而失去光泽，将铝制品完成后再经阳极化处理，使其表面形成一层0.03mm厚的氧化铝膜，以达到耐腐蚀的目的，同时其表面也是可以再涂装的。板状的铝材或铸造品也都可以焊接，但是必须先除去焊接处阳极处理的氧化膜和使用焊接专用的铝焊剂。

二、塑料

1. 塑料的分类和特性

（1）塑料的分类　塑料的种类很多，按其热性能不同，分为热固性塑料和热塑性塑料。

热固性塑料是指经一次固化后，不再受热软化，只能塑制一次的塑料。这种塑料耐热性能好，受压不易变形，但是力学性能较差。常用的有氨基塑料、有机硅塑料、酚醛塑料和有环氧塑料等。

热塑性塑料是指受热时软化，冷却后变硬，再加热又软化，冷却又变硬，可以反复多次加热塑制的塑料。这类塑料力学性能好、加工成形方便，但耐热性相对较差，容易变形。热塑性塑料的数量多，占全部塑料的80%左右，常用的有聚四氯乙烯、聚苯乙烯、聚丙烯、聚甲醛、聚氯乙烯、聚苯醚和聚酰胺等。

（2）塑料的主要特性

1）重量轻。一般塑料的密度在$0.83~2.2g/cm^3$范围内，仅是钢铁的1/8~1/4。泡沫塑料则更轻，密度在$0.02~0.2g/cm^3$范围内。

2）化学稳定性好。一般的塑料对酸、碱、盐和有机溶剂都有良好的耐蚀性能。特别是聚四氟乙烯，除了能与熔融的碱金属作用外，其他的化学药品包括"王水"也难以腐蚀。因此，在腐蚀介质中工作的零件可采用塑料制作，或采用在表面喷塑的方法提高其耐蚀能力。

3）良好的电绝缘性能。塑料几乎都有良好的电绝缘性，它可与陶瓷、橡胶和其他绝缘材料相媲美。因此，汽车电器零件广泛采用塑料来作为绝缘体。

4）优良的耐磨和减摩性。大多数塑料的摩擦因数较小，耐磨性好，能在半干摩擦甚至完全无润滑条件下良好地工作，所以作为耐磨材料，可制造齿轮、密封圈、轴承和衬套等。

5）良好的吸振性和消声性。采用塑料轴承和塑料齿轮的机械，在高速运转时，可平稳无声地转动，大大减小噪声，降低振动。

缺点：与钢相比其力学性能较低；耐热性较差，一般只能在100℃以下长期工作；导热性差，其导热系数只有钢的1/600~1/200；容易吸水，塑料吸水后，会引起使用性能恶化。

此外，塑料还有易老化、易燃烧，温度变化时尺寸稳定性差等缺点。

2. 塑料在汽车中的应用

由于塑料具有诸多金属和其他材料所不具备的优良性能，因此在汽车上的应用很广。常用于制作各种结构零件、耐磨减摩零件和隔热防振零件等。

三、橡胶

为了防风、防雨漏，以保护车厢内不受雨水、灰尘侵入的影响，轿车都在车门或车窗上与车身配合的间隙部分使用很多防水橡胶密封，另外，行李箱的框缘上也会装上橡胶密封条，以保护行李箱内的货物。一般这些密封条为了防止吸收水分，其表面均用高密度的橡胶制成，而里面为海绵状，具有伸缩的弹性，以使闭合良好。

橡胶在汽车上使用量最大的制品是轮胎，目前全世界生产的橡胶约有80%用于制造轮胎。

四、玻璃

汽车玻璃是构成汽车外形的重要材料之一，它具有透明、隔音和保温的特点。汽车专用玻璃根据用途和加工工艺，主要分为以下几种类型：

1. 钢化玻璃

钢化玻璃是由普通平板玻璃或磨光玻璃经热处理后得到的一种淬火玻璃。钢化玻璃的强度和耐冲击能力要比普通玻璃高3～5倍。一旦受到碰撞损伤，就会瞬时变成带钝边的小碎块，不会给人员造成更大伤害。汽车的风窗玻璃一般都使用钢化玻璃。钢化玻璃破损后即破碎成无尖锐状的碎粒，在车辆肇事时，可避免碎片伤人。

2. 夹层玻璃

夹层玻璃是指由两片机制平板玻璃，中间夹以塑料夹层，通过黏合剂、软化剂处理，再经过滚压、热压处理，使之黏合后逐渐冷却而制成的玻璃。夹层玻璃是针对淬火玻璃存在的不完善之处而产生的，它是迄今为止最适合于用作前风窗的安全玻璃。

3. 有机玻璃

有机玻璃是指用丙酮、氯化烃或者异丁烯等制成的甲基丙烯酸甲酯经聚合而成聚甲基丙烯酸甲酯。它主要用于制造某些透光材料零件，如驾驶室的遮阳板、后灯灯罩、发动机舱盖前标志和暖风说明牌等。

五、衬垫材料

聚氯乙烯人造革是汽车维修作业中常用的材料。它是由聚氯乙烯树脂、增塑剂、稳定剂、着色剂、填充剂及其他助剂经机械研磨、搅拌混合后，用涂刮法、压延法或挤出法，将涂层与布基或纤维基结合在一起，再经过热处理、熔融和压纹等表面处理后制成；也可在基材表面贴上一层聚乙烯薄膜，表面压成类似皮革纹路而成；当加入发泡剂时，也可以制成发泡人造革。

它主要用于制造或修补汽车人造革制件，如轿车内护面用的蒙布、汽车坐垫、靠背、车门内板及其他装饰覆盖物等。

技能训练

熟悉车身常用铝板及非金属材料,感知其性能。

课后习题

1. 铝合金作为轻合金性能如何?
2. 汽车上常用的非金属材料有哪些?试述其主要性能。

 单元小结

本单元学习了车身常用材料及其特点,全面掌握车身主要材料的性能。

单元五

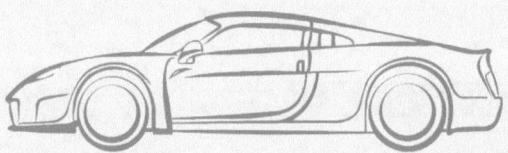

汽车车身损伤分析

完成本单元学习后,你应能:
1. 了解汽车车身损伤的种类;
2. 运用正确方法判断各种损伤的损伤范围;
3. 熟悉车身碰撞变形的特点;
4. 理解车身测量的基本方法,了解车身测量系统的种类。

课题一　车身损伤的种类

学习目标

1. 掌握汽车车身损伤的原因。
2. 正确评价车身损伤范围。

一、车身损伤原因分析

轿车车身板件的损伤主要有两种形式：车身疲劳自然损伤和人为及意外事故损伤。

1. 车身疲劳和自然损伤

汽车随着使用年限的增加和运行里程的延续，虽没有发生意外事故，也会逐渐变成磨损。图5-1所示为自然损伤。由于道路不平引起的汽车颠簸振动，汽车发动机本身引起的自身振动等原因，都会使得汽车车身底板或某些部位产生变形或裂纹，引起整个车身变形、车门下沉、门缝间隙变大、车门关闭不严。汽车行驶时汽车钣金件的振动，各部连接件脱焊和开裂，会引起汽车车身振动噪声。图5-2所示为车身疲劳损伤（外饰件脱落）。

图5-1　自然损伤

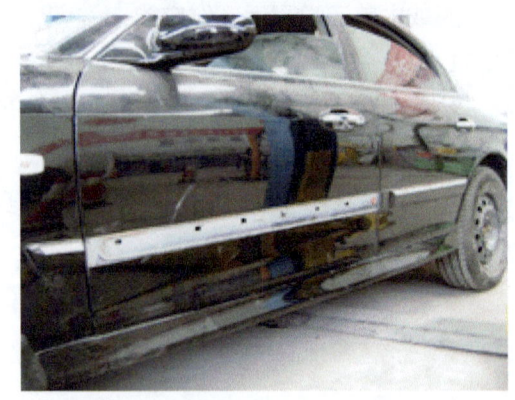

图5-2　车身疲劳损伤（外饰件脱落）

2. 人为损伤

轿车行驶速度快，时常会发生人为损伤。撞车和翻车是轿车车身损伤的一个重要原因。撞车表现为几种不同形式，有两车相撞、多车挤在一起互相碰撞；撞击其他物体而损伤，如撞在树上、电线杆上、墙上，或翻在沟里等。损伤主要有轻微损伤型、中等损伤型和严重损伤型等形式。

（1）轻微损伤型　轻微损伤型是指车身覆盖件钢板局部受损或小范围受损，无严重凹陷、延展和溃缩现象，而且车身的结构件没有受损。损伤部位没有伤及车身覆盖件的棱线和车身钢板的边缘部位，各部件之间的配合间隙没有发生变化。可以直接使用锤子以及顶铁在板件的背面进行钢板的修复工作，如车身的车门、发动机舱盖、行李箱盖、前翼子板以及车身其他覆盖件表面钢板的轻微碰撞变形。图 5-3 所示为车辆后部碰撞的轻微损伤。

（2）中等损伤型　中等损伤型是指受伤面积小于 300cm^2 以及局部框架变形或车身的表面覆盖件钢板有较大的延展、溃缩和凹陷的中等程度的变形损伤。车身的外部表面钢板的流线条或车身外部钢板的边缘部位也受到损伤。在车身内侧无法直接用锤子和顶铁进行修复校正工作，在进行车身的板面修复时需要辅助拆装一些与之相关联的零部件和装饰部件。图 5-4 所示为后翼子板碰撞损伤。

图 5-3　车辆后部碰撞的轻微损伤

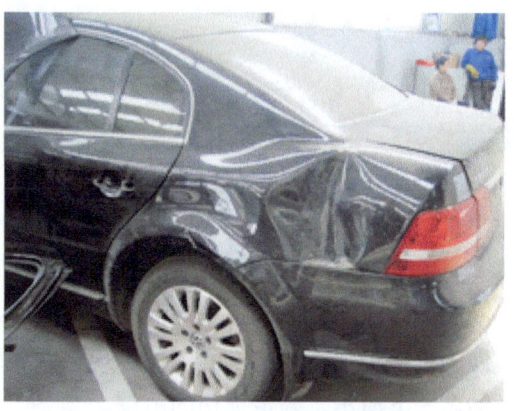

图 5-4　后翼子板碰撞损伤

（3）严重损伤型　严重损伤型是指车身碰撞受损面积大于 300cm^2，而且车身的结构件已经产生严重变形，车身表面的覆盖件钢板有严重的延展、溃缩、凹陷和死褶的损伤，修复时必须在车身校正设备上进行车身结构件的拉拔、伸展和敲打等校正方式以及解剖校正和解剖更换车身上的结构件和覆盖件等，如前纵梁、行李箱以及车身终端的结构件。图 5-5 所示为发动机机舱严重变形。

二、评价损伤范围的方法

1. 板件的变形特点

（1）弯曲变形　部件变形后，两板面夹角大于 90°，在损伤与未损伤区域之间的形状变化是平滑的、连续的。通过牵引可使变形恢复到碰撞前的状态，并使任何区域都不存在永久变形，图 5-6 所示为弯曲变形。

（2）扭曲变形　部件变形后，变形区域较圆滑，由于受力来自多个方向，使得板件发生扭曲变形。该变形通过牵引可使变形恢复到碰撞前的状态，并使任何区域都不存在永久变形。图 5-7 所示为扭曲变形。

图 5-5　发动机机舱严重变形

（3）褶皱变形　部件变形后，两板面间形成尖锐的弯角和折痕；校正后在金属上有一个可见的裂痕，或者存在永久的变形。不使用过度加热就不能校正到原来的形状。图 5-8 所示为褶皱变形。

图 5-6　弯曲变形

图 5-7　扭曲变形

2. 评价损伤范围方法

合理快速有效地评价板件的损伤范围，不仅可以快速地确定维修的措施及费用，而且为板件的整形步骤提供一定的依据。现在有一辆本田雅阁，左前翼子板被撞凹陷，以它为实训车辆做一下演示，确定损伤的范围。

（1）目测法　大多数情况下，在碰撞部位能够观察出结构损伤的迹象。用目测检查后，进行总体估测，从碰撞位置估计汽车受撞方向及损伤程度，判断碰撞如何扩散并造成损伤。

1）检查车身上容易识别的损伤部位。检查中，要特别仔细地观察板件连接点有没有错位断裂，加固材料（如加固件、盖板、加强筋、连接板）上有没有裂缝，各板件的连接焊点有没有变形，油漆层、内涂层及保护层有没有裂缝和剥落，以及零件的棱角和边缘有没有异样等。

2）检查车身部件的间隙和配合。在车身上的车门、翼子板、发动机舱盖、行李箱盖和车灯之间的配合间隙都有一定的尺寸要求，通过观察和测量它们之间间隙的变化，可以判断发生了哪些变形，图 5-9 所示为目视检查。

图 5-8　褶皱变形

图 5-9　目视检查

3）利用光线的折射来判断损伤范围。车漆都有一定的反光性，人对着光源站立并与车身成一定角度，如果光线折射一致，则说明此处光线没有变形；如果光线折射散乱，说明此处属于损伤区域。

也可以在车外选择一个参照物,最好是直线发光体,然后观察该物体在车漆内的投影,如果投影在车漆内变形,则说明这个地方有损伤变形。

> **注意**:观察要从上下左右不同的角度进行。通过目测法,能大体确定损伤的变形区域,为后续工作打下良好基础。

在发动机机舱盖上有个点损伤,利用物体在漆面内的倒影,直线变为曲线的地方就是变形的区域,这样可以大体确定该损伤的范围,如图5-10所示。

> **注意**:选择的参照物最好为发光体,该物体轮廓线条最好为直线。

(2)触摸法 利用手的触感来判断损伤的区域。首先要戴上棉手套,将五指伸直,从没有受损的区域向受损区域轻缓移动,根据板件表面的凹凸感来判断损伤的变形范围。图5-11所示为触摸法检查损伤范围。

图5-10 点损伤的检查

图5-11 触摸法检查损伤范围

这种判断方法较准确也比较快速,但是精确度不够。在板件的整形过程中,这种方法也可以帮助维修人员快速地判断整形效果。

> **注意**:一定要戴棉手套,防止手被划伤。检查面积一定要大,不要局限于碰撞区域。

(3)测量法 利用钢直尺与板件之间的间隙来判断损伤的区域。图5-12所示为利用钢直尺检查损伤区域。正常情况下,板件与钢直尺之间的间隙应该为零,随着板件凹陷程度增加,与钢直尺之间的间隙也变大。钢直尺从上往下移动,最开始出现间隙的地方则为损伤变形的最上端,随着钢直尺往下,间隙最宽的地方则是变形最宽的地方,间隙最后消失的点则为损伤变形的最下端。最后用专用笔做好记录,画出损伤的变形区域。图5-13所示为画出损伤区域。

该方法可以精确地确定损伤的变形区域,为整形提供有利依据。但是这个方法不适用于大面积的损伤判断,也不适用于曲面的损伤判断。

汽车钣金修复工艺

图 5-12 利用钢直尺检查损伤区域

图 5-13 画出损伤区域

注意：测量时钢直尺要与板件垂直，视线要与钢直尺垂直。钢直尺移动速度不宜过快，边移动边做好标记。

课后习题

简述板件的变形有哪些特点。

课题二　车身碰撞损伤变形的特点

学习目标

1. 掌握车架式车身受损变形的种类。
2. 掌握整体式车身碰撞变形的形式。

一、车架式车身碰撞损伤变形

车架式车身由车架及围接在其周围的可分解的部件组成，车身主体与车架通过减振材料多点挠性连接。车架的前部和后部具有上弯的结构，碰撞时会变形，但可保持车架中部结构的完整。

车架受撞时的变形大致可分为以下五种类型：

1. 左右弯曲变形

从一侧来的碰撞冲击经常会引起汽车车架的左右弯曲或一侧弯曲。左右弯曲通常会发生在车架的前部、中部或后部，一般可以通过观察钢梁的内侧及对应钢梁的外侧是否有皱曲来确定。此外，通过车门长边上的裂缝和短边上的皱褶、汽车一侧明显的碰撞损伤、车身和车顶盖的错位、发动机舱盖和行李箱盖与相应的开口部分不匹配（或不能正常开启）等也可初步断定左右弯曲的变形。图5-14所示为车架前、中、后部的左右弯曲变形。

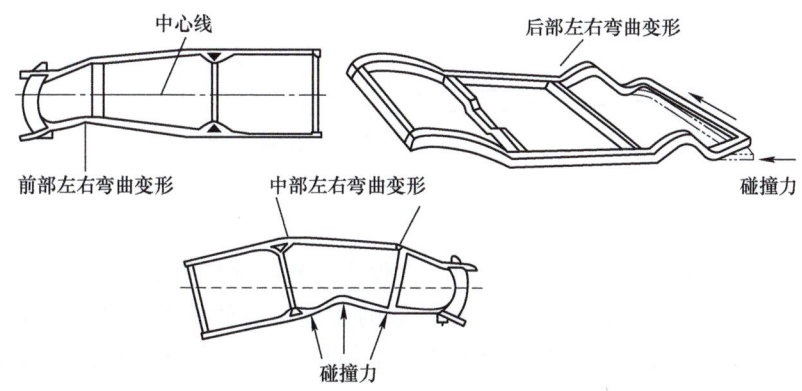

图5-14　车架前、中、后部的左右弯曲变形

2. 上下弯曲变形

汽车上下弯曲后，车身外壳表面会比正常位置低，结构上也有后倾现象。上下弯曲一般由来自前方或后方的直接碰撞引起，可能发生在汽车的一侧，也可能发生在两侧。

判别上下弯曲可以查看挡板与门之间的缝隙是否在顶部变窄，在下部变宽；也可以查看车门在撞击后是否下垂。

上下弯曲是碰撞中最常见的一种损伤，它发生在交通事故的大多数车辆上。严重的上下弯曲变形能够破坏上部车身的准直。图5-15所示为车架前部和后部的上下弯曲变形。

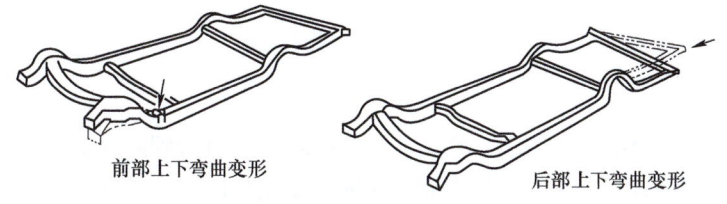

图5-15　车架前部和后部的上下弯曲变形

3. 断裂变形

汽车受到断裂损伤后，车上的某些部件或元件的尺寸会低于厂家技术指标，断裂损伤通常表现在发动机舱盖的前移或后窗的后移。有时，车门可能吻合得很好，看上去也没有受到任何干扰，但皱褶或其他严重的变形有可能发生在挡板、车壳或车架的拐角处，而且车架通常还会在车轮挡板圆顶处向上提升，引起弹性外壳损坏。

保险杠受到断裂损伤后，一般会有一个非常微小的位移（多为来自前方或后方的直接碰撞而引起）。图5-16所示为车架的断裂变形。

4. 菱形变形

当车架的一角或偏心点受到来自前方或后方的撞击时，其一侧整体向前或向后移动，引起车架或车身的歪斜，使车架形成一个接近平行四边形的形状，称为菱形变形。图5-17所示为车架的菱形变形。

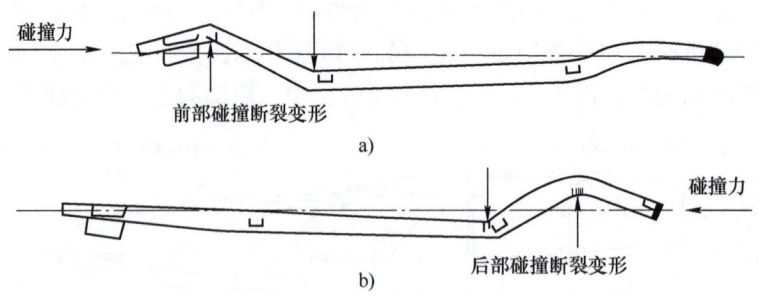

图 5-16 车架的断裂变形

菱形变形会对整个车架造成影响,而不仅仅是汽车一侧的钢梁。从外观上可以看到发动机舱盖和行李箱发生错位,在接近后车轮罩的相互垂直的钢板上或在垂直钢板接头的顶部可能出现皱褶,同时,在乘客室地板或行李箱地板上也可能出现皱褶或弯曲。此外,菱形变形还会附有许多断裂及弯曲损伤的组合损伤,但菱形变形很少发生在整体式车身上。

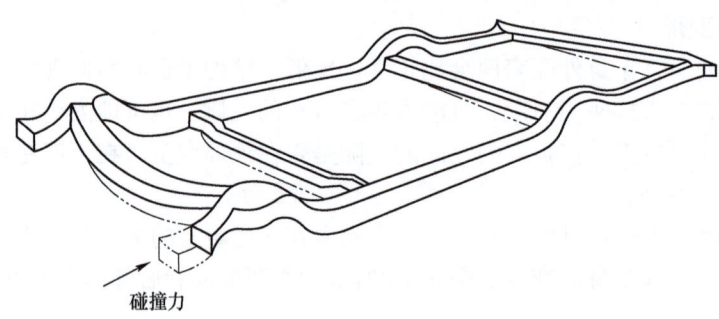

图 5-17 车架的菱形变形

5. 扭转变形

扭转变形是车架损伤的另一种形式,当汽车在高速下撞击到路缘石或路中隔离带时就可能发生扭转变形。在后侧角端发生碰撞和翻滚时也往往会出现这种损伤。受到此损伤后,汽车的一角会比正常情况高,而相对的一角会比正常情况低。可能在钢板表面上看不出任何明显的损伤,而真正的损伤往往隐藏在底层。在碰撞力的作用下,汽车的一角会向前移,而临近的一角下垂得很接近地面,这时就应对汽车进行扭转损伤检查。图 5-18 所示为车架的扭转变形。

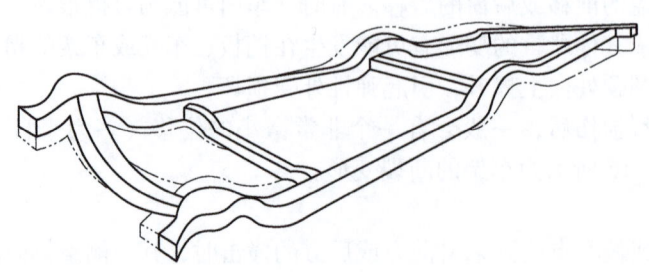

图 5-18 车架的扭转变形

二、整体式车身碰撞损伤变形

整体式车身汽车通常能够很好地吸收碰撞时产生的能量。当车身受到撞击时,由于吸收冲击力而折合收缩,渗入结构之中的撞击力因被车身更深入的部位吸收而逐渐扩散直至完全清除。

整体式车身的损伤可用圆锥图形法分析。将碰撞点看成锥体的顶点,圆锥体的中心线表示碰撞的方向,其高度和范围表示碰撞力穿过车身壳体扩散的区域。圆锥顶点处是直接损坏的部位,为主要的受损区域。图 5-19 所示为圆锥图形法分析碰撞对整体式车身的影响。

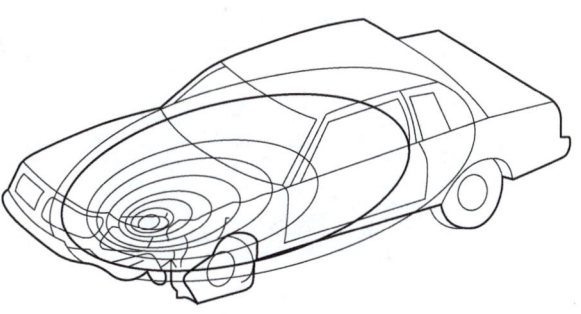

图 5-19 圆锥图形法分析碰撞对整体式车身的影响

由于整个车身壳体由许多薄钢板连接而成,碰撞能量大部分被车身壳体吸收了。其中一部分碰撞能量被碰撞区域的部件通过变形吸收掉,另一部分能量会通过车身的刚性结构传递到远离碰撞的区域,这些被传递的振动波引起的损伤称为二次损伤。二次损伤会影响整体式车身的内部结构或被撞击部位相对一侧的车身。

为了控制二次损坏变形并为乘客提供一个更为安全的乘坐空间,承载式车身在其结构上采取了不同刚度等级的方法,在其前部和后部都设计有吸能区,当车辆前后部发生碰撞时,这些吸能区可以吸收大量的碰撞能量,从而保护中部的成员空间;来自侧向的撞击则被乘客室地板侧梁及其加强梁、中心立柱、车门侧向防撞杆等加强部件抵抗和吸收。

整体式车身变形主要有汽车前部碰撞变形、汽车后部碰撞变形、汽车中部碰撞变形、汽车顶部碰撞变形四种形式。

1. 汽车前部碰撞变形

汽车前部碰撞变形是一辆汽车发生前部正面碰撞时的变形情况。前车身碰撞变形的程度与碰撞力的大小、方向和碰撞物等有很大的关系。

当正面碰撞程度较轻时,保险杠会被向后推移,保险杠、前纵梁、前翼子板、散热器支架和发动机舱盖铰链等也会发生折曲。

当正面碰撞程度较重时,其损坏的范围会扩大很多,如前翼子板后移,造成前门开启困难;发动机舱盖严重变形并伴随铰链翘曲,有时可触及前围板、上罩板;散热器和散热器支架严重变形,前侧梁发生弯曲或裂纹,前悬架严重变形等。

如果碰撞来自斜前方,前侧梁的连接点则会成为旋转中心或旋转面,发生侧向和垂直方向的弯曲。侧向碰撞引起的振动还会从碰撞点传递到另一侧的前部构件,即两侧的车身前部构件均会发生变形损坏。图 5-20 所示为汽车前部正面碰撞变形。

2. 汽车后部碰撞变形

汽车后部碰撞时其受损程度取决于以下因素:碰撞面积、碰撞时的车速、碰撞对象和车辆的总质量等。如果碰撞力小,后保险杠、后地板、行李箱盖和后翼子板等可能变形;如果碰撞力大,相互垂直的板件会弯曲,后顶盖顶板会塌陷至顶板底面。对于四门车,车身中部可能弯曲。图 5-21 所示为汽车后部碰撞变形。

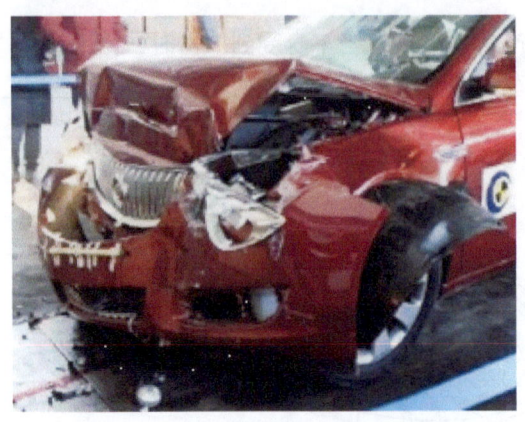

图 5-20　汽车前部正面碰撞变形

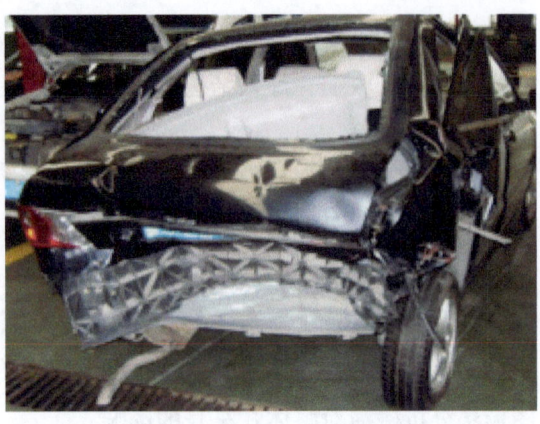

图 5-21　汽车后部碰撞变形

3. 汽车中部碰撞变形

当发生侧面碰撞时，车门、前部构件、中柱以及地板都会变形，分析汽车的构造对确定车辆侧面的碰撞损坏十分重要。如果侧向碰撞较严重时，车门、中柱、门槛板和车顶纵梁都会发生严重弯曲变形，甚至未被撞击一侧的中柱、车顶纵梁也会朝碰撞的相反方向变形。图 5-22 所示为汽车中部碰撞变形。

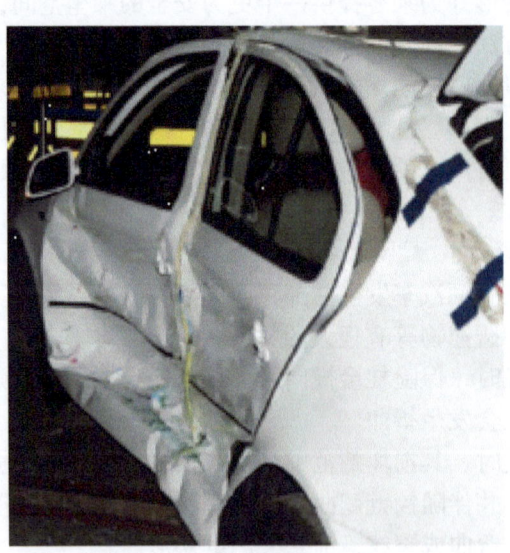

图 5-22　汽车中部碰撞变形

4. 汽车顶部碰撞变形

由坠落物体撞击而使汽车顶部受到变形损坏时，受损的不仅仅是车顶钢板，车顶侧梁、后顶盖侧板以及车窗等可能同时被损坏。当车辆发生翻滚时，车身支柱、车顶盖板和悬架会受到损坏。汽车顶部损伤的程度可通过车窗、车门的变形来确定。图 5-23 所示为汽车顶部碰撞变形。

图 5-23　汽车顶部碰撞变形

课后习题

1. 车架受撞时的变形有哪几种类型？
2. 整体式车身变形主要有哪几种形式？

课题三　车身测量技术

学习目标

1. 掌握车身测量基准的相关知识。
2. 熟练掌握车身测量工具和操作系统的使用方法。

一、车身测量基准

当车辆在运行或静止时受到较严重的撞击，车身或车架会发生不同程度的变形，为了能迅速精确地判断、测量损伤的程度，需要使用专门的测量设备来测量那些对发动机、底盘和车身主要构件的装配位置有着直接影响的基础数据，如汽车的前轮定位、轴距误差和各总成的装配位置精度等，为车架的整形打下基础。

在进行车身三维测量时，就像使用钢直尺测量数据一样，要有一个零点作为尺寸的起点。同样，车身三维测量也必须先找到长度、宽度和高度的测量基准，测量才能顺利进行。

1. 基准面

基准面是一个假想平面，与车身地板平行并与之有固定的距离。基准面是测量车身高度尺寸的基准。图 5-24 所示为基准面。

由于基准面是一假想平面，与车身地板之间的距离可以增大或减小，以方便测量需要。如果工作中以设定的基准面安装测量仪器有困难，可以调整基准面的高度，选取合适的安装位置。读取数值时只需考虑测量值与标准值之间的差值。

2. 中心面

中心面是一个与基准面垂直并与汽车纵向中心线重合的平面,它将车身分成左右对等的两部分。车身宽度方向的横向尺寸都是以中心面为基准测得。图5-25所示为中心面。

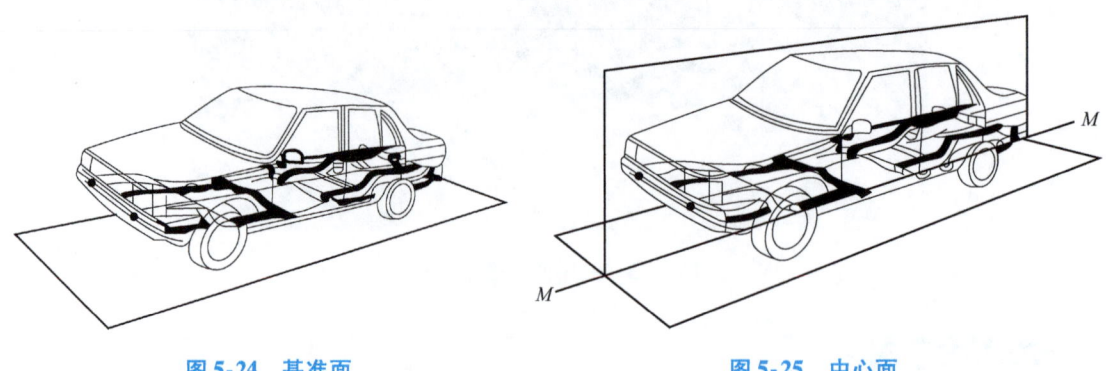

图5-24 基准面　　　　　　　　　　图5-25 中心面

3. 零平面

为了正确分析车身的损伤程度,一般将汽车看作一个矩形结构并将其分成前、中、后三部分,分割三部分的基准面称为零平面。在实际测量中,零平面也叫作零点,是测量长度尺寸的基准。图5-26所示为零平面。

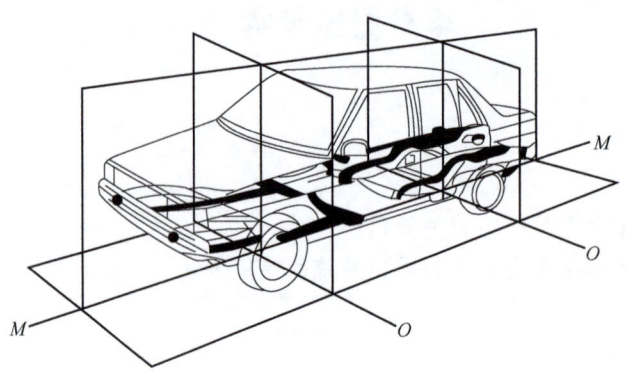

图5-26 零平面

在实际测量中,高度基准一般使用车身校正仪的平台平面;宽度中心面是车辆的中心面与测量系统的中心面重合或平行;长度的基准不在平台或测量尺上,而是在车身上,可以找到前或后的零平面作为长度基准,以测量其他测量点的长度尺寸。

二、车身测量系统

1. 常规车身测量工具

维修人员常用的基本测量工具有卷尺和钢直尺,它们可以测量两个测量点之间的距离,如图5-27所示。

2. 量规测量系统

量规主要有轨道式量规和中心量规等,它们既可单独使用,也可相互配合使用。

(1)轨道式量规　轨道式量规不仅每次能测量和记录一对测量点,同时还可以和另外两个控制点进行交叉测量和对比检验,其中至少有一个为对角线测量。用轨道式量规测量的最佳位置为悬架和机械元件上的焊点和测量孔等,它们对于部件的对中具有关键作用。图5-28所示为用轨道式量规测量发动机舱尺寸。

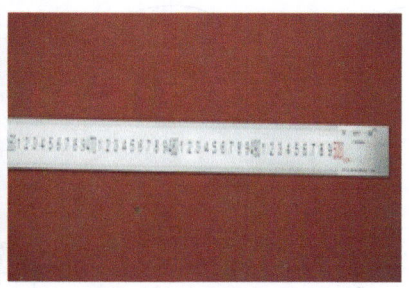

图5-27　卷尺和钢直尺

用轨道式量规进行点对点测量。在车身构造中,大多数控制点都是孔、洞,而测量尺寸一般是孔中心至孔中心的距离。当测量孔的直径比轨道式量规的测量头锥头小时,测量头的锥头起到自定心作用,图5-29所示为轨道式量规进行点对点测量。当测量孔的直径大于测量头锥头直径时,为了测量精确,在两孔直径相同时,使用同缘测量法,如图5-30所示。即两个孔中心的距离等于两个孔同侧边缘的距离;如果测量孔直径不同,有时甚至两个孔的类型也不同时,要测出两个孔中心的距离,需先测量两孔内缘间距离,后测得两孔外缘间距离,然后将两次测量结果相加再除以2即可,如图5-31所示。

图5-28　轨道式量规测量发动机舱尺寸

(2)中心量规　中心量规最常用的是自定心量规,它不是用来测量实际尺寸的。量规(通常为3或4个)悬挂在汽车上,每一个横臂相对于量规所附着的车身结构都是平行的。将中心量规分别安放在车身最前部、最后部、前轮的后部和后轮的前部,用肉眼通过投影可检查车身结构是否准直,图5-32所示为中心量规测量。中心量规的测量主要内容是找到车身的基准面、中心面和零点平面,并找出它们的偏移量。

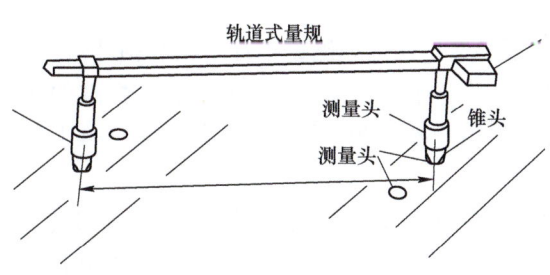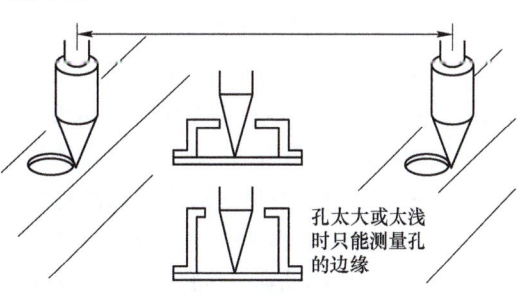

图5-29　轨道式量规进行点对点测量　　图5-30　同缘测量法一

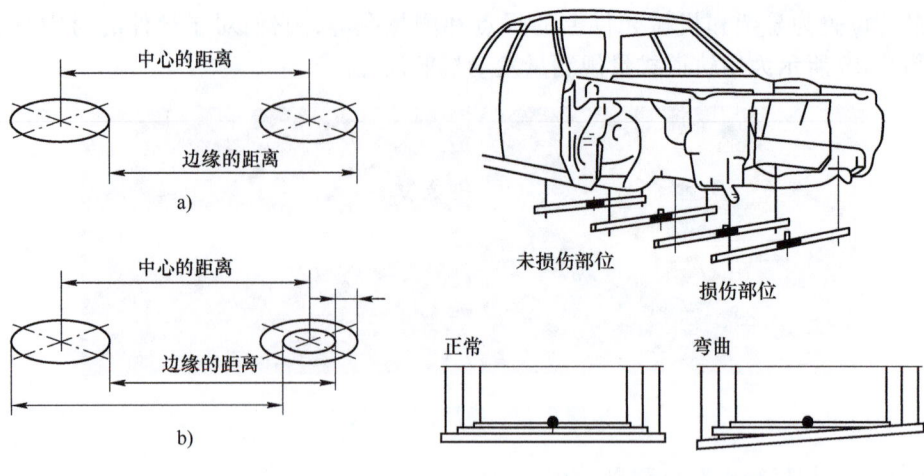

图 5-31　同缘测量法二　　　　图 5-32　中心量规测量

3. 机械式三维测量系统

在测量时，机械式三维测量系统通过绕车辆移动，不仅能检查车辆所有的基准点，而且能快速地确定车辆上的每个基准点的位置，使测量更容易、更精确。图 5-33 所示为机械式三维测量系统。

图 5-33　机械式三维测量系统

4. 电子式车身测量系统

电子式车身测量系统使用 ECU 和传感器，以便迅速、便捷地测量车身结构和损坏情况，在测量系统中，ECU 数据库储存了大量的不同厂家、不同年代的车身数据，这些标准的车身数据图可以随时调出。系统可以自动地将实际测量值与标准测量值进行比较并在屏幕上显示，无须人工查阅数据手册或记录测量数据。

（1）半自动电子测量系统　常见的半自动电子测量系统使用自由臂方式进行测量，通过转动多个自由臂可以移动到空间的任意一个位置，在连接处有角度位移传感器，任何一个关节转过的任何一个角度会被传输记录到 ECU 上。自由臂的每个臂长是一定的，ECU 会自动计算出自由臂端部到达的空间位置的三维数据尺寸。半自动的电子自由臂测量系统只有一个测量臂，在测量中每次只能测量一个控制点，不能做到多点同步进行测量。图 5-34 所示为角位移测量系统。

（2）全自动电子测量系统　常用的全自动电子测量系统有超声波测量系统和激光测量系统。全自动电子测量系统由发射器（发射超声波或激光）、反射靶或接收器、ECU 和测量头组成，每次能测量多个控制点，可以做到多点同步进行测量。图 5-35 所示为超声波测量系统。

图 5-34　角位移测量系统

图 5-35　超声波测量系统

课后习题

1. 车身测量系统基准面有哪几个？
2. 全自动电子测量系统的组成是什么？

单元小结

本单元主要学习了汽车车身损伤的种类；各种损伤的损伤范围的判断；学习了车身碰撞变形的特点；系统地学习了车身测量的基本原理和方法，要求掌握车身测量工具的操作使用。

单元六

汽车车身板件修复

完成本单元学习后,你应能:

1. 了解车身钢板轻微损伤的手工整形流程;
2. 知道车身钢板的种类、特性、损伤类型和常用的修理方法;
3. 掌握分析钢板损伤的类型及对修理方法的影响;
4. 掌握规范的车身钢板手工整形维修作业;
5. 熟悉机械整形的适用场合;
6. 熟悉钢板维修的基本工艺流程及安全防护;
7. 知道车身整形修复机维修钢板常用的工具设备,并能够正确地描述其工作原理;
8. 能够利用车身整形修复机拉拔维修钢板;
9. 了解车身钢板缩火的相关知识,掌握缩火工艺。

学习导入

课题一 车身钢板维修基础知识

学习目标

1. 了解车身修理的工艺流程。
2. 掌握车身钢板的特性和变形特点。
3. 掌握车身钢板损伤类型和修复程序。

一、车身修理的工艺流程

目前，事故车辆按照受损情况可分为两种形式：小损伤（小事故）和大损伤（大事故）。

小事故损坏的车辆，损坏部位主要是指车身外板的变形或撕裂，所进行的修理工作主要是针对外板的维修或更换。

大事故损坏的车辆，除车身外部板件变形或撕裂外，车身的结构件也发生了弯曲和扭曲变形，一般需要上校正平台进行测量校正和切割更换，才能完成修理工作。图 6-1 所示为修理的工艺流程。

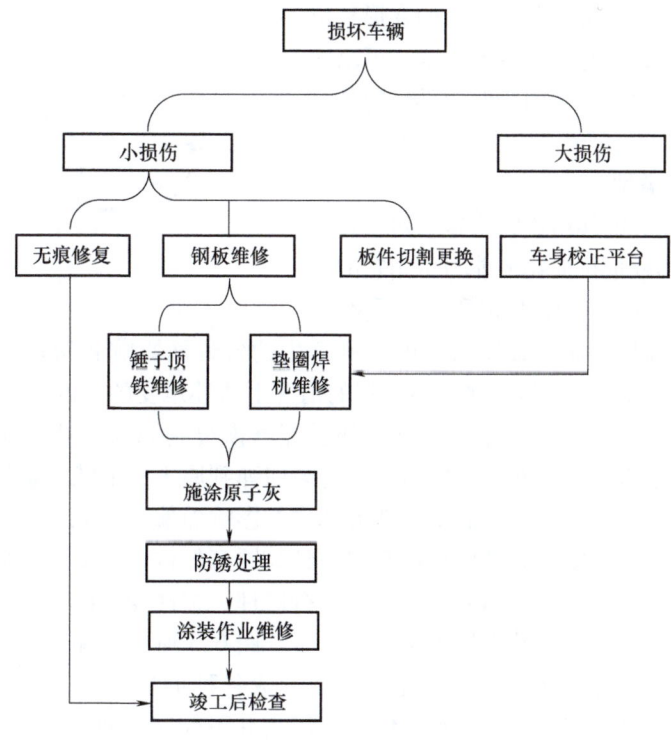

图 6-1 修理的工艺流程

二、车身钢板的特性

制造整体式车身所用钢板,都必须具有良好的塑性,能够加工成各种形状,来满足安全和结构的需要。

钢板被加工成一定的形状以后,便具有钢板硬化的特性,钢板上不同部位的强度不一样。例如,平坦的车顶板,如果对它中心按压,它会发生弯曲,然后恢复到原来的形状。如对波纹形的顶板按压,这种顶板对此几乎没有变形。虽然这两种顶板可能都是由同种牌号的钢材制成的,但波纹形的顶板更硬、强度更高,抵抗变形的能力更强。

在实际的碰撞过程中,形状已发生变化的金属板也有类似的情形。受碰撞部位的金属变形后内部的晶体结构已发生变化,金属变得更硬,更能抵抗各种外力的影响。

在进行车身维修时,只有充分了解金属的性能,尤其是力学性能,才能对车身损伤做出正确的诊断和制订合理的钣金维修方案。

1. 钢材的内部结构

钢材也和其他所有的物质一样,是由原子构成的。许多原子结合在一起就形成晶粒,晶粒以一定的形式构成晶体组织,然后构成钢材。图6-2所示为钢的晶体结构。

钢板内部晶体组织的状态决定了它能够被弯曲或加工成形的程度,一块平坦钢板的形状发生改变,钢板上的折缝或弯曲处的所有晶粒的形状和位置也会改变。

低碳钢的各个晶粒都可承受相当大的变形和位移。如取出一根钢丝,将它反复弯曲几次,可以发现弯曲的部位变得很热,这是因为弯曲部位的各个晶粒相互运动、相互摩擦产生的热量造成的。

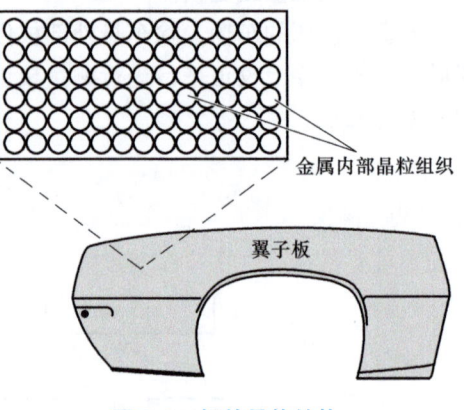

图6-2 钢的晶体结构

2. 钢材变形的类型

金属的原子结构和晶体组织将决定它对于外力作用有何反应。金属板抵抗变化的能力可用它的三种性能来表示:弹性变形、塑性变形和加工硬化。

所有这些特性都与施加在金属板上的力所产生的各方面影响有密切的关系。它们都与"屈服强度"有关。屈服强度是金属在不破裂的情况下所能承受的力的最大值。

(1) 弹性变形 弹性变形是金属受到拉伸后能够恢复到原来形状的能力。例如取一块金属板,缓慢地使它弯曲,当外力消失后,它将会回弹到原来的形状。金属板上任何比较平坦的部位都可以发生回弹,即使它们受到邻近部位的影响而偏离了原来的位置。当邻近部位的变形消除以后,这些受影响的部位往往会回弹到其原来的位置。受到损坏的金属板会发生弹性变形,修理人员可以利用金属的回弹倾向进行修理,弹性变形区域不需要进行修理,把其他部位的变形修理好后,弹性变形自然就恢复了。图6-3所示为弹性变形。

(2) 塑性变形 塑性变形是金属发生弯曲或变成各种形状的能力。当弯曲金属时的力超过了它的弹性极限时,它将出现回弹的倾向,但它并不能完全回到原来的形状。如图6-4所示,一块金属板,如果外力使它产生一定量的变形,当外力消失后,它将发生回弹,但不能恢复到原来的形状,产生一个永久的变形。

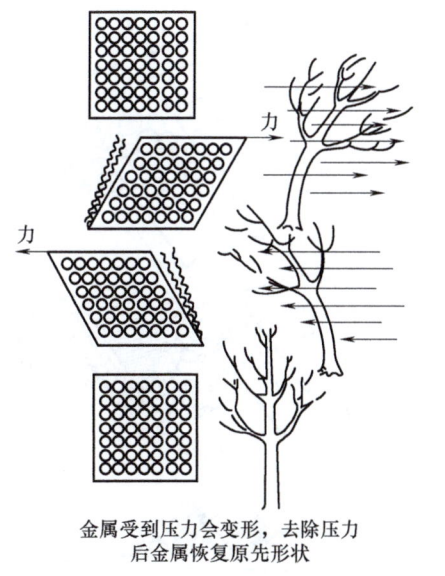

图 6-3　弹性变形

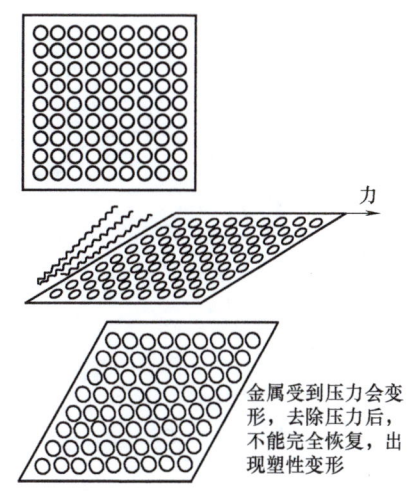

图 6-4　塑性变形

产生变形的原因是因为它的晶体组织变成了另外一种结构。大多数受损坏的金属都会在不同的部位发生拉伸变形（包括永久性的变形）。

图 6-3 和图 6-4 中显示了弹性变形和塑性变形的情况。从图中可以看出给金属板施加拉伸载荷时，载荷的大小和金属板的伸长量之间的关系。图 6-5 所示为载荷和变形特性曲线。

当载荷逐渐增加时，伸长量也成比例地增大。但当载荷超过一定的极限时，晶体组织将出现内部滑移，这时，即使载荷增大的速度保持一定，伸长量也会突然增大。如果再施加更多的载荷，伸长量将急速地增加并达到最大值，然后某一个部位将局部伸长并出现断裂。

图 6-5 中的 A 点称为弹性极限。如果施加的载荷低于 A 点，当载荷消除后，变形将随之消失，金属板恢复原来的形状，这就是弹性变形。当载荷超过 A 点时，即使载荷消除后，变形也会保留下来，金属板不能恢复其原来的形状，这就是塑性变形。例如，从 P 点取消载荷，金属板回弹后将停留在 E 点，但将保留永久变形 OE。

当汽车在碰撞过程中受到损坏时，由碰撞而产生的变形将保留下来，除非人为将这种变形除去。产生永久变形的部位周围都会产生弹性变形，当永久变形不消失，弹性变形也无法消除。在修理受到这种类型损坏的车身时，应首先修复永久变形，这样弹性变形也会随之消失，使车身恢复到原来的形状。

（3）加工硬化　加工硬化是达到塑性变形的上限时，金属出现的一种现象。金属被弯曲过的部位变得非常硬，这就是加工硬化现象。例如，将一钢板弯曲，在弯曲的部位将会出现弯折，这个部位的塑性变形非常大，迫使晶体组织完全离开了原来的位置，金属变得非常硬。这种硬度的增加称为加工硬化。图 6-6 所示为钢板内的加工硬化。

弯曲或被加工过部位的金属产生硬化而造成强度增加，它实际上是所有金属板损坏的根源。在车身上任何未受损坏的车身金属板上都因为制造过程中的加工而存在某种程度的加工硬化。碰撞造成的弯曲只能使受到影响的部位产生更加严重的加工硬化。车身修理人员在校正受损坏的部位时，同样会加重该处加工硬化的程度。

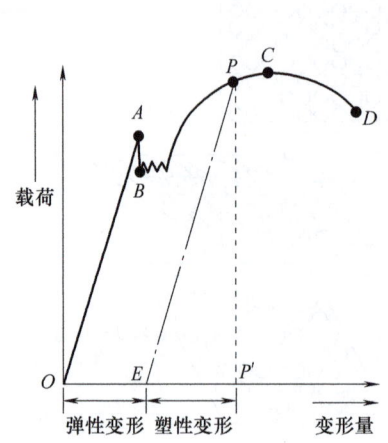

图 6-5　载荷和变形特性曲线
A—弹性极限　B—屈服强度　C—抗拉强度　D—断裂点

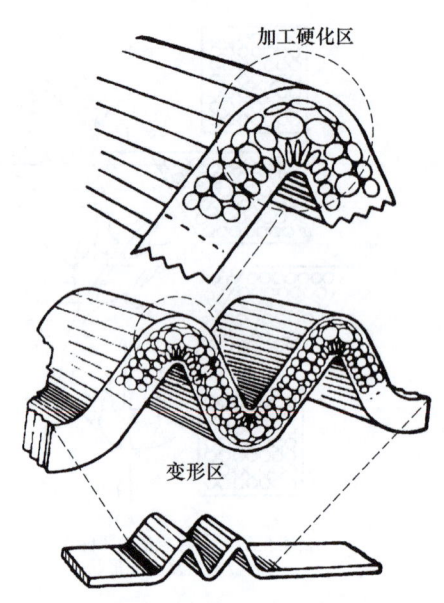

图 6-6　钢板内的加工硬化

　　只要将金属板弯曲，就会发生加工硬化。当金属板在制造厂第一次被加工成形时以及当它受到损坏时，都会发生加工硬化。如一块平坦的金属板被加工成车身面板（例如翼子板）时，先将金属板放在压力机上，板材的外缘受到严格的定位，板材的中心部位被拉入压力机，迫使原先平坦的板材变成冲模的形状。金属板在进入压力机之前相当柔软，冲压后变得很硬。这是因为晶体组织的重新排列，它已经产生加工硬化。加工后仍保持平坦的部位则比较柔软，图 6-6 所示的翼子板可分为"柔软"部位（无阴影）和"硬化"部位（有阴影）。有阴影的部位（顶部和边缘）硬度高不容易损坏，一旦变形损坏，也难以修复。金属平坦的部位在修理过程中容易变形损坏，应采取正确的校正方法，以免损伤未被损坏的部分。由于汽车上的所有金属板材都存在不同程度的加工硬化，所以在这些金属板受到损坏以前，就要知道哪些部位的金属最硬或最软。图 6-7 所示为车身板件中的加工硬化部位。

　　现以一块钢板为例，说明加工硬化对修理过程的影响。将此钢板稍微弯曲，钢板将可恢复原来的形状，这是弹性变形。但是，如果弯曲超过了一定的极限（弹性极限），金属将出现折损。在折损部位周围的金属都将恢复原来的状态，而在折损部位出现了加工硬化。如果直接将此处的金属弯曲回到它原来的形状，会在原来折损部位的旁边出现两处新的折损（加工硬化）。附加加工硬化的出现是因为折损的部位硬度太高，内部存在巨大的应力，使它无法恢复到原来的形状。图 6-8 所示为附加的加工硬化。

　　汽车上的钢板构件在受到碰撞造成的折损会加重原来存在的加工硬化的程度。金属板被弯曲后，不一定会出现折损，只有当金属板被弯曲到不能恢复原来的形状时，才会出现折损。如果弯曲后，金属板能够恢复到原来的形状，则金属板没有受到折损。加工硬化折损如图 6-9 所示，图中一些受损部位（弹性变形区）虽然发生了弯曲，但并没有折损，而只有上部发生了折损，修理时把折损区修理好后，弹性弯曲区自然会恢复原状。如果先对弹性变形区进行修理，会对此区域造成损坏。由于对金属的不适当加工，造成了过度的加工硬化，金属将会更加难以加工。图 6-9 所示为弯曲变形中的加工硬化区和弹性变形区。

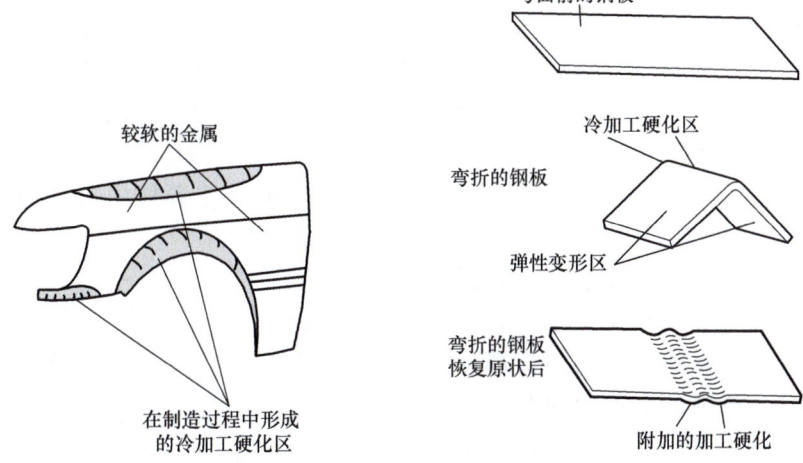

图 6-7 车身板件中的加工硬化部位　　图 6-8 附加的加工硬化

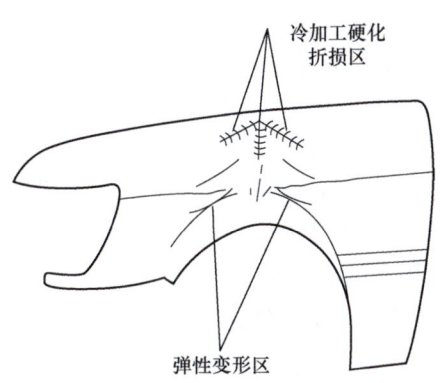

图 6-9 弯曲变形中的加工硬化区和弹性变形区

了解这些部位的变形情况对于确定正确的修理方法有着非常重要的作用,车身修理人员必须掌握这些金属特性。在修理过程中造成的损坏与碰撞对汽车造成的损坏几乎同样多,这是由于缺少这方面的知识和经验而造成的。在校正金属板的过程中,多少总要引起一些加工硬化,但一定要将它控制在最小范围内,不应造成损伤。

三、车身钢板损伤类型

车身板件修理的第一步是对受到损坏的部位进行损坏分析。修理人员必须能够识别出受损坏金属上的变形状态。金属板上的损坏一般分为两种,即直接损坏和间接损坏。

1) 直接损伤,即断裂、擦伤或划痕的部位。

2) 间接损伤,即在直接损坏周围区域的折损和挤压变形。根据板件形状的复杂程度,形成的损伤变形可能是几种损伤的组合,而不是只存在一种。

1. 直接损伤和间接损伤

(1) 直接损伤　直接损伤是指引起碰撞的物体与金属板上受到损伤的部位直接接触而

造成的损伤，也就是碰撞点部位的损伤。直接损伤通常以断裂、擦伤或划痕的形式出现，用眼睛即可看到。在所有的损伤中，直接损伤通常只占10%~15%。但是，如果碰撞产生了一条很长的擦伤或折痕，它将在总的损伤中占80%。可以对严重的直接损伤进行的修理是很有限的，现在的车身上使用的钢板太薄，难以重新加工，校正修理需花费很多时间。所以实际上一般不对受到直接损伤的部位进行修理，直接损伤部位的修复通常需要使用塑料填充剂（腻子），有时还需要使用铅性填充剂（铅性填充剂为了与钢板结合得更好，需要在操作中使用酸腐蚀，酸腐蚀会使金属板产生损害，一般现在修理不推荐使用），在填充的过程中，间接损伤也得到了修理。图6-10所示为直接损伤和间接损伤。

（2）间接损伤　间接损伤是由直接损伤引起的。在所有的损伤类型中，大部分都是间接损伤，所有非直接的损伤都可看成是间接损伤，碰撞一般都会同时造成这两种损伤。各种构件所受到的间接损伤没有太大区别，它总是产生同样的弯曲、同样的压缩力。对间接损伤的修理方法也是相同的，只是由于受损伤部位的尺寸、硬度和位置的不同，所用的修理工具有所不同。

间接损伤占所有类型损伤的80%~90%。由于各种构件所受到的间接损伤基本相同，80%~90%的金属板都可采用同样的方法修理。通常采用一些基本的方法就能修理大多数车身，这些方法将在后面介绍。

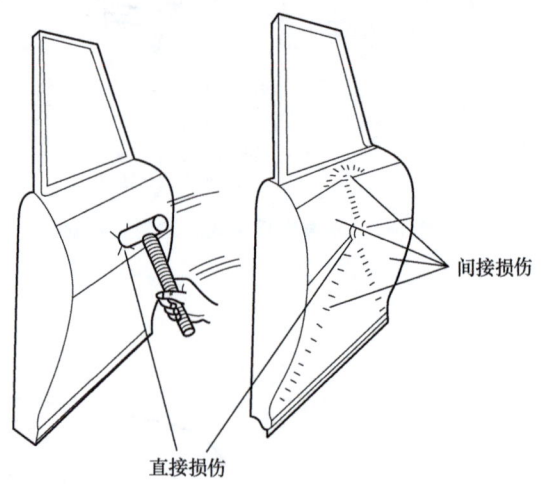

图6-10　直接损伤和间接损伤

2. 间接损伤的类型

间接损伤中产生的损伤类型有如下四种：单纯的铰折、凹陷铰折、单纯的卷曲和凹陷卷曲。

（1）单纯的铰折　单纯的铰折弯曲过程像一个铰链一样，沿着一条线均匀地弯曲。当产生这种变形时，金属上部表面受到拉力而产生拉伸变形，下部表面被推到一起而产生收缩变形。由于上部受到拉伸而下部受到压缩，金属的中间将有一个未发生变形的区域。图6-11所示为单纯的铰折。

对实心的金属板而言的单纯铰折总是形成一条"直线"形的折损，而对箱形截面的弯曲就不同了。

（2）凹陷铰折　在箱形截面上发生弯曲的规律与实心的金属相同，但是两者弯曲的结果是不同的。箱形截面的中心线上没有强度，所以顶部的金属板被向下拉而不是受到拉伸，很少有或者说根本就没有拉伸。底部的金属板受到两边的压力，所以很容易出现铰折。铰折中顶部金属受到的损伤比底部金属要小得多，折损处受到压力的一边产生严重收缩，这就是凹陷铰折。如果校正方法不正确，如图6-12所示，顶部的表面也会铰折，而造成严重的全面收缩。箱形截面与实心金属板的铰折修理方法不同，如果进行了错误的校正，箱形截面的顶部和底部表面会同时出现凹陷。图6-12所示为凹陷铰折。

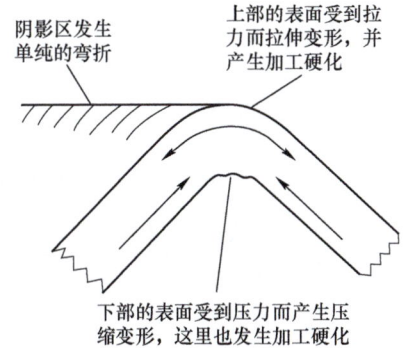
图 6-11 单纯的铰折

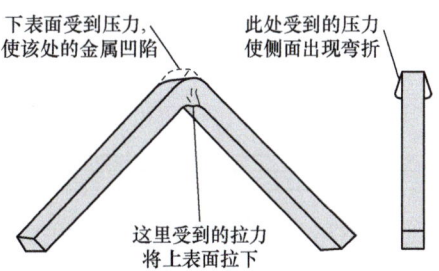
图 6-12 凹陷铰折

当校正箱形截面时，铰折部位存在很大的加工硬化，不适当的校正会使顶部的表面容易发生进一步的凹陷。在修理中必须采用加热的方法并使用拉伸设备，以防止出现凹陷变形。直接把变形弯曲回原状后，在原先凹陷铰折的部位两侧会形成新的凹陷，造成长度比原先缩短。如果这时再用拉伸的方式修理，凹陷部位的加工硬化程度更高、更硬，难以变形，可能造成需要拉伸的凹陷部位没有恢复变形，而其他部位可能变形，造成修复失败，部件被修复报废。正确的修理是对凹陷部位进行加热消除加工硬化产生的应力，然后一边拉伸一边恢复弯曲，最终可以把凹陷铰折恢复原状。图 6-13 所示为凹陷铰折的修理。

在整体式车身上，有许多结构复杂的箱形截面构件，其中包括箱形结构梁、车门槛板、风窗支柱、中心支柱和车顶梁等，有些箱形截面构件（例如车门）的体积庞大。任何被弯成一个角度的金属件都可以认为存在（局部）箱形截面。汽车结构中带有大量的隆起和凸缘，这些部位都产生了加工硬化，都被看成是局部的箱形截面。整个翼子板可看成是具有局部箱形截面的构件。和完全箱形截面一样，局部箱形截面也会发生凹陷，两者凹陷的结果相同，两者折损的名称也相同，都是凹陷铰折。不适当的校正会造成同样的结果：校正后整个尺寸会缩短。图 6-14 所示为局部箱形截面区。

（3）凹陷卷曲 当铰折折损穿过一块金属板时，它不仅使所有的箱形或局部箱形截面产生收缩，而且也会使它穿过的任何隆起的表面收缩。当发生这种情况时，便形成了新的折损。这种折损试图将金属板的内部向外翻并卷起，以增加其长度。"长度的增加"是这种折损的特征，这种折损称作凹陷卷曲。铰折型折损（包括凹陷铰折和单纯的铰折）增加的是深度，而不是长度。任何发生在隆起表面上的折损都会使金属收缩，凹陷卷曲式折损也不例外。金属收缩量取决于碰撞的程度。

（4）单纯的卷曲 当折损发生凹陷卷曲时，还有另外两处也同时发生折损，这两处折损发生在凹陷卷曲部位的旁边，这就是单纯的卷曲折损。由于这两处都位于金属板的隆起部分，因而也是收缩型的折损。卷曲型的折损很容易识别，凹陷的和单纯的卷曲折损在金属板的隆起处形成一个箭头形状的弯折。如图 6-14 所示的翼子板，似乎只有一个单纯的折损垂直地穿过它。实际上，它有五处折损，分别属于四种类型。卷曲折损（单纯的或凹陷的）只发生在隆起的表面上。因为这种折损区是由隆起的部分引起的。如果金属是平坦的，它将会以铰折的形式发生弯曲，产生的是单纯的铰折折损。如果金属板是隆起的，穿过它的折损在深入到金属的内部时，将倾向于卷曲。

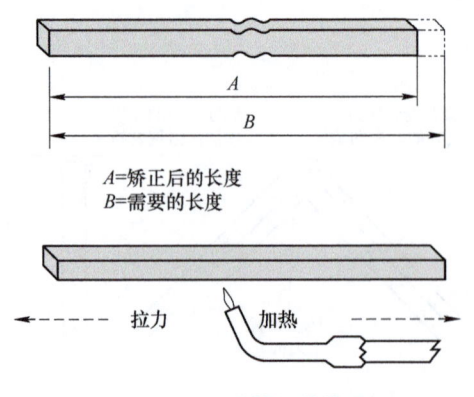

图 6-13 凹陷铰折的修理

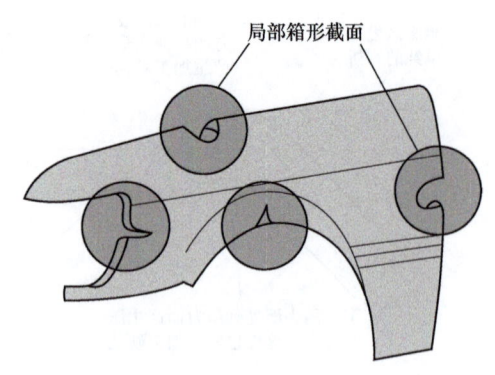

图 6-14 局部箱形截面

这不仅是因为金属表面具有合拢作用，还因为金属自身的收缩作用。

如果金属是平坦的（无弯曲），其自身的收缩作用依然存在于金属的内部。所有发生在隆起部分的凹陷卷曲折损的方向都与隆起的方向相反，所产生的收缩也是这个方向。单纯的卷曲折损和凹陷卷曲折损一样，都使金属收缩，但两者的方向有所不同。

车身修理人员应该掌握间接损坏部位的四种不同的折损，要能够识别出与某处可能产生的收缩有关的隆起，应该对各处的折损一目了然，能够对所有折损有一个修复的方案。

3. 板件损坏区域的受力分析

板件损伤后，一般用"压缩"和"拉伸"来形容金属受损以后的状况。这些状况也可用"高点"和"低点"来描述。在任何损坏发生以前，金属内部都已存在压缩和拉伸（应力和应变）。例如，所有隆起的部位都受到压缩。但这里的"压缩"并不是指发生损坏时产生的力，而指金属被挤压的部位受到一个新产生的压力的作用，该压力通过加工硬化被保留下来。如果该压力突然消失，金属将返回到它原来的形状。判断金属板件产生的变化并进行校正时，应考虑板件在受到损坏前未受压缩或拉伸时的状况。

金属被推上去的部位称为"压缩区"，被拉下的部位称为"拉伸区"。图 6-15 所示为受损钢板上的拉伸区和压缩区。

当进行维修时，先要确定受损部位受到的是拉伸还是压缩，然后才可确定修理的方法和使用的工具。不能用锤子敲打拉伸区，也不能用垫铁敲打压缩区的内侧，要根据压力的方向来决定需要施加的力，同样当损坏部位存在压缩区时，不能在此部位使用塑料填充剂。

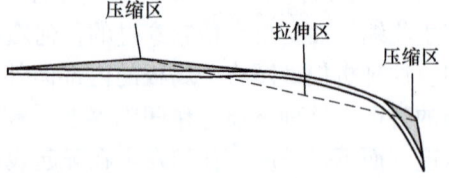

图 6-15 受损钢板上的拉伸区和压缩区

通常各种金属板的隆起程度会有所不同。隆起很高的金属板称为"高隆起"，而接近平坦的金属板称为"低隆起"。当低隆起的金属板受损时，金属被拉入损坏的中心部位。这个拉力使金属板低于它原来的高度。低于正常高度的损坏区称为拉伸区。相反，金属板上任何超出原高度的损坏区都称为压缩区。

4. 车身板件上隆起部位的变形

汽车外部面板上的隆起有三种类型，即单向隆起、复合隆起和双向隆起。在这些不同的隆起部位受到外力时产生的变形是不同的。

（1）单向隆起部位的变形　这块金属板在一个方向上（左或右）是平坦的，而在另一个方向上是隆起的（90°或交叉方向）。图6-16中所示的损伤一个方向为拉伸，另一个方向为压缩。从平坦的一面看时，它与图相类似。看正视图时，它与图相类似。图6-16所示为单向隆起的金属板。

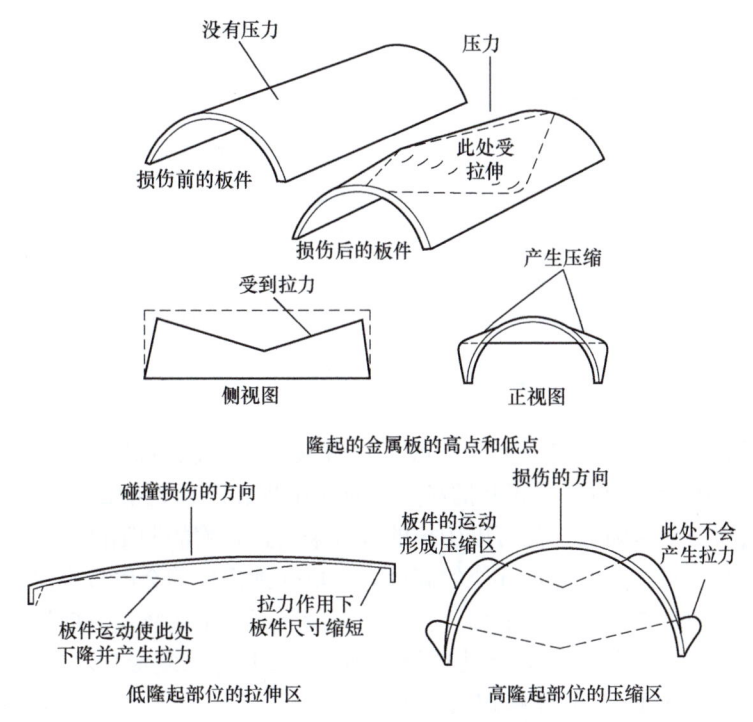

图6-16　单向隆起的金属板

由图6-16可以看出，各个拉伸区和压缩区受到的影响都是三维影响。每一个凹陷处旁边都伴随着一个隆起区（压缩区）。所有隆起的部位都是这样。

金属板上所有隆起处的损坏都应先进行校正，不应该只用塑料填充剂填充。如图6-17所示的弯折就是压缩区和拉伸区的一个很好的例子，碰撞产生一条狭窄的拉伸带，在拉伸带的周围是隆起的压缩区。隆起的部位需用锉刀锉平，而凹陷处要用塑料填充剂垫平。图6-17所示为弯折部位的压缩区和拉伸区。

（2）复合隆起部位的变形　复合隆起部位的变形是指复合隆起金属板上发生的压缩区的转移。图6-18所示为复合型损伤钢板上的加工硬化。

板件的压力方向为从上到下，几乎是垂直向下的。但是，有两处长度不同的凹陷卷曲（P到BF和P到BC）。这是因为隆起处金属比平坦处的强度大，因而更能抵抗压力。事实上，在受到损伤时，箭头（P）两边所受到的力相同，但是左侧金属损伤的面积较大。如果不熟练的修理人员在校正这种变形时，只是设法让金属向上移动，将会对金属板上较平坦的部位造成进一步的损坏。平坦的部位将会屈服于校正力而断裂，但受力最大的部位（P到BC）却未受影响。对这种情况进行的校正应该是将折损处（P到BC）展开，因为这里是展开较平坦部位的"关键"，而且此处受到的力最大。

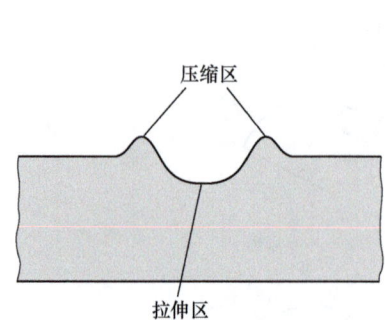

图 6-17　弯折部位的压缩区和拉伸区

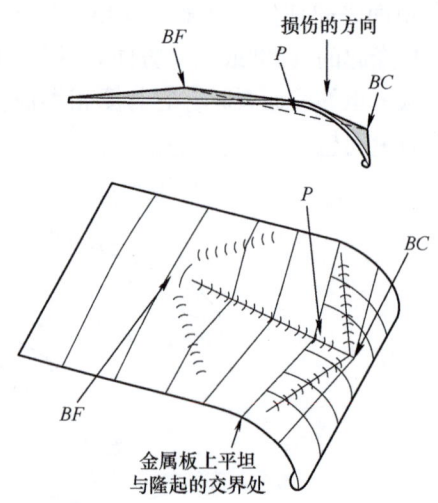

图 6-18　复合型损伤钢板上的加工硬化

如果一块隆起的金属板上有一个收缩区（由焊接、不正确地操作锤子或垫铁、隆起处的折损等引起），则收缩区将低于正常的高度。对于出现在隆起处的凹陷区，如果在它的附近没伴随着出现一个压缩区，便可以用拉的方法来校正收缩的凹陷区。当通过升高凹陷区的方法进行校正时，只会降低邻近部位的高度。一块受到损伤的金属板上总会出现一些压缩区，除非它所受到的是来自下面的损伤。在后一种情况下，金属将受到向里面拉的力，出现与单向隆起相反的情况。图 6-19 所示为收缩的钢板通过拉伸恢复形状。

掌握这些知识将有助于车身修理人员确定正确的修理方法。例如，在一个凹陷的表面上焊接时，由于金属材料的收缩，会造成金属的上升，形成一个凸起。为了解决这个问题，可采用锤子在垫铁上敲击的方法，使金属表面得以降低。不熟练的修理人员常常以为拉伸会使凹陷的金属表面升高。事实上，这种情况只会发生在隆起的金属板上。

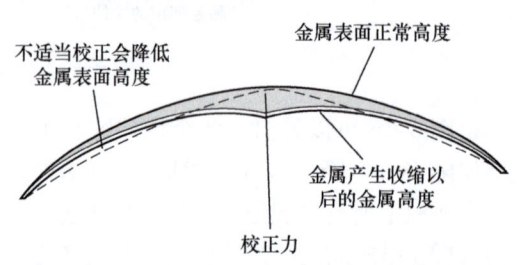

图 6-19　收缩的钢板通过拉伸恢复形状

（3）双向隆起部位的变形　一般金属板上的各种弯折都发生在一个方向上，而在另一个方向上保持平坦。大多数金属板上发生的弯折都与这种情形很接近。但是，也有一些金属板在两个方向上都有隆起，这类隆起就是双向隆起。图 6-20 所示为双向隆起的金属板。

在隆起的表面上发生的弯曲折损会扩散到离它最近的平坦区。在有双向隆起表面的金属板上，卷曲折损通常会从受碰撞处向各个方向传播，就像车轮上的辐条一样，而轮毂相当于最初的碰撞点。图 6-21 所示就是这种类型的金属板所受到的损伤。图 6-21 所示为双向隆起金属板的凹陷卷曲折损。

5. 板件损伤部位的修复程序

通过了解车身板件上的不同损伤类型，车身修理人员能够采用正确的方法来修理受到损伤的车身。首先要找到损伤的方向，碰撞损伤的方向应该和碰撞的方向完全相反。一般通过目测检查即可找出损伤方向，但是在金属板重叠的情况下，问题往往会变得复杂。

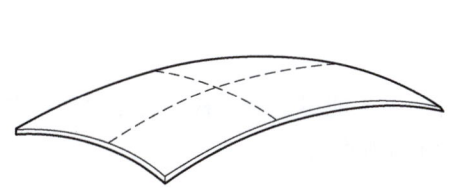

图 6-20　双向隆起的金属板

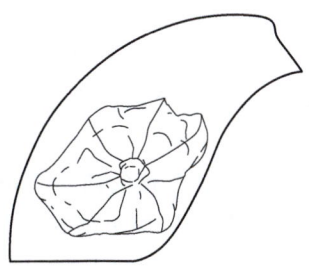

图 6-21　双向隆起金属板的凹陷卷曲折损

凹陷卷曲折损总是从最先发生接触的位置向外传播。当有 2~3 个部位出现这种折损时，情况更加简单，它们都汇聚到的那一点就是最初的碰撞点（好像车轮的辐条汇聚到轮毂一样）。图 6-22 所示为碰撞产生凹陷卷曲的过程。

在修理时，基本的原则是最后的损伤要最先修复，最先的损伤要最后修复。在损伤部位离直接损伤点最远的位置 1 要最先进行修理，然后还要修复离直接损伤点最远的位置 2，以此类推把损伤全部修理好，对最后的直接损伤位置 10 可能需要塑料填充剂修理。

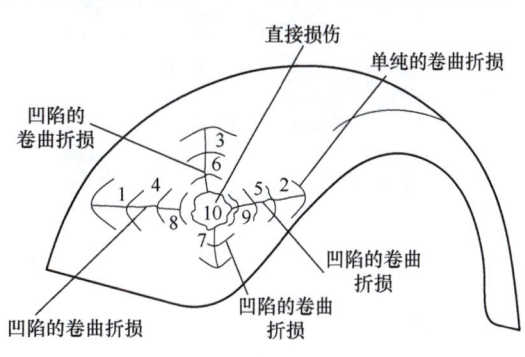

图 6-22　碰撞产生凹陷卷曲的过程

课后习题

1. 车身钢板变形的类型有哪几种？
2. 车身钢板损伤类型有哪几种？

课题二　手工整形工具选择和使用

学习目标

1. 能针对车身的不同损伤形式正确选择手工整形工具。
2. 掌握常用手工整形工具的使用方法。

一般钣金锤和垫铁适用于钢板维修作业，但内部不易触及钢板部位，采用匙形铁代替垫铁。

1. 钢锤

带有橡胶端部的钢锤是另一种在车身修理中使用的锤子。此种锤兼有硬面和可更换橡胶头的软面，有时称为软面锤。它用于铬钢修理或其他精密部件的作业而不损伤其表面粗糙度。图 6-23 所示为带有橡胶端部的钢锤。

2. 木槌

木槌适用于板件损伤的初始维修，在维修板件时，为了能尽量减少板件在维修时产生的加工硬化（钢板延展）应采用的木槌敲击。图 6-24 所示为木槌。

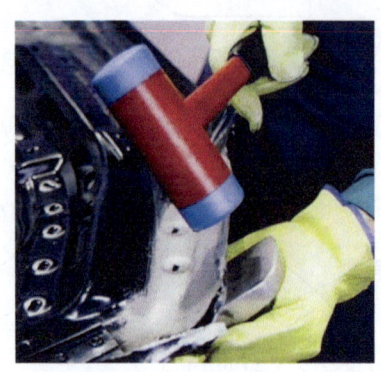

图 6-23　带有橡胶端部的钢锤

图 6-24　木槌

3. 车身锤

车身锤是连续敲打钣金件恢复其形状的基本工具。它有许多不同的设计，有方头、单头、圆头以及尖头。每种形式都是为了不同用途而设计的。

（1）镐锤　镐锤能维修许多小凹陷。其尖顶用于将凹陷从内部锤出，对中心进行柔和地轻打。其平顶端与顶铁配合作业可以去除高的点和波纹。镐锤有多种形状和尺寸。有些有锐利的锥形尖，有些则具有钝的锥形尖。图 6-25 所示为各类镐锤。

使用镐锤时要小心，假如敲击力量过大，尖顶端可能戳穿汽车上的薄钢板。只能在修复小的凹陷处用镐锤。

（2）冲击锤　大的凹陷需要使用冲击锤。冲击锤的顶角有圆的或方的，顶面的表面近似平的。这种锤顶面大，打击力散布在较大的面积上，用于凹陷板面初始的校正，或加工内部板和加强相关部位。这些操作需要较大的力量而不要求光洁的表面。

修复变形大的凹陷表面，如后顶侧板上的反向曲面、变形的车头灯座和门等，需要使用轻冲击锤。这种锤的锤面一面是隆起的，另一面则是平的。曲面锤面使下凹的金属受冲击而不发生延伸。锤子的曲面外形必须小于金属板凹陷的外形，以避免延伸金属板。图 6-26 所示为各类冲击锤。

（3）精修锤　在用冲击锤去除凹陷之后，使用精修锤，以得到最后的外形。精修锤的锤面较冲击锤的锤面小，表面是隆起的，以便力量集中在高点或波峰的顶端。图 6-27 所示为精修锤。

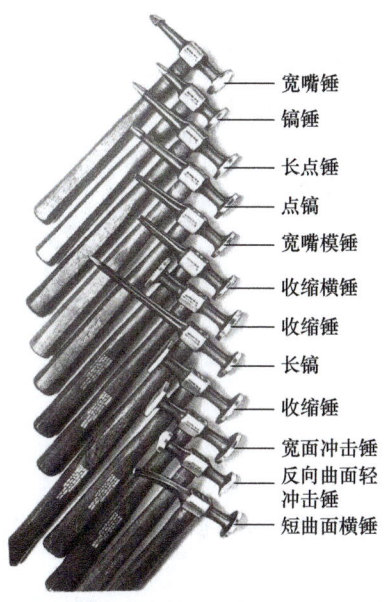
图 6-25 各类镐锤

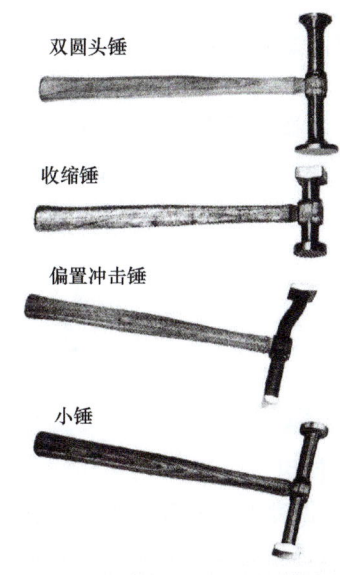
图 6-26 各类冲击锤

（4）收缩锤 收缩锤是有锯齿面或交错缝槽面的精修锤，这种锤用来收缩那些被过度锤打而延伸的部位。图 6-28 所示为收缩锤。

4. 垫铁

垫铁的作用像一个铁砧，它通常顶在锤敲击金属板的背面，用锤和垫铁一起作业使高起的部位下降，或使低凹部位上升。

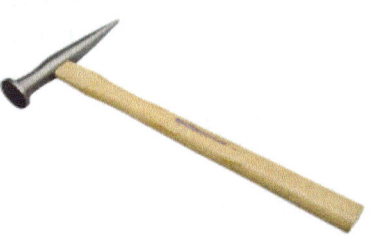
图 6-27 精修锤

垫铁有高隆起、低隆起和凸缘等多种不同形状的，每种形状用于特定的凹陷形式和车身板面外形。垫铁与面板外形的配合非常重要，假如在高隆起的面板上使用平面或低隆起的垫铁，结果将会增加凹陷。轨形垫铁也是一种常用的垫铁，它也有许多形状，如足尖式和足根式垫铁用于在狭窄部位进行敲击，而其平面直角边用以校正凸缘。图 6-29 所示为各类垫铁。

图 6-28 收缩锤

图 6-29 各类垫铁

5. 撬镐

撬镐只用作撬起凹点，它们有不同的长度和形状，大多数有 U 形末端把手。撬镐可以用来升起门后顶侧板和其他气密的车身部段上的凹点。撬镐通常较滑锤和拉杆好，因为它们不需要在钣金件上钻孔或焊接，不会损伤漆面。图 6-30 所示为撬镐。

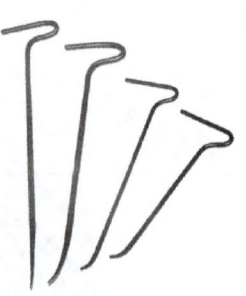

图 6-30　撬镐

 技能训练

1. 锤子的使用

建议使用小圆度的钣金锤，因为锤面弧度越大，对板件造成的损伤也就越大。图 6-31 所示为小圆度的钣金锤。

应该按图 6-32 所示的方法虚握住铁锤，手离锤柄端部大约 10~20mm，锤柄与手臂成 120°夹角，以下面的两个手指为支点，当锤子从金属表面上弹回时，可以绕着支点做轻微的旋转划椭圆形轨迹。其他的手指（包括拇指）将铁锤向下推，用手腕发力（不是手臂发力）使锤子做环状运动，应垂直地敲打，并让铁锤从金属表面弹回来。每两次敲击点的间距为 9~12mm，直到损伤处得到修复。在用钣金锤敲打到金属板上时，锤子的平面应该与金属板的平面一致，否则会对金属板产生损伤。

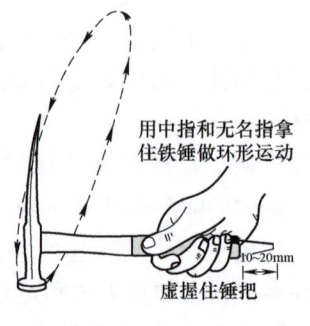

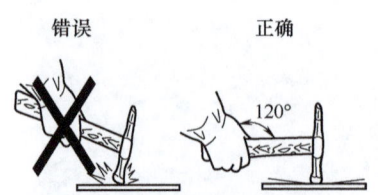

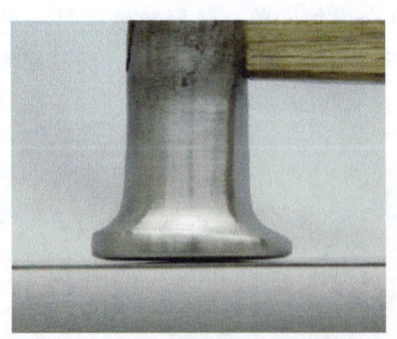

图 6-31　小圆度的钣金锤　　　图 6-32　使用锤子的注意事项

铁锤的工作面必须与金属板的形状相配合，具有平坦锤面的铁锤适用于平坦的或低隆起的金属表面，凸形工作面的敲击锤适用于敲打内侧的弧线形金属面。重的敲击锤可用来进行大致的修整，但要保证敲击不能加重损伤的程度。图 6-33 所示为损伤的程度。

精整锤用于最后的精整修复,精整锤比敲击锤轻,而且通常都带有锤头。精整修复时敲击的要领是快速轻敲,敲击时,锤子也应和金属表面垂直。用铁锤敲打金属表面的棱边将会加重金属的变形。

2. 垫铁的使用

垫铁的圆弧度必须接近或小于修理钢板的圆弧度。垫铁的平面不可置于钢板的弧面,因为垫铁的尖端将使钢板表面留下伤痕,一般建议垫铁表面的圆弧度约为钢板原始弧度的80%。图6-34所示为垫铁的使用。

图6-33 损伤的程度

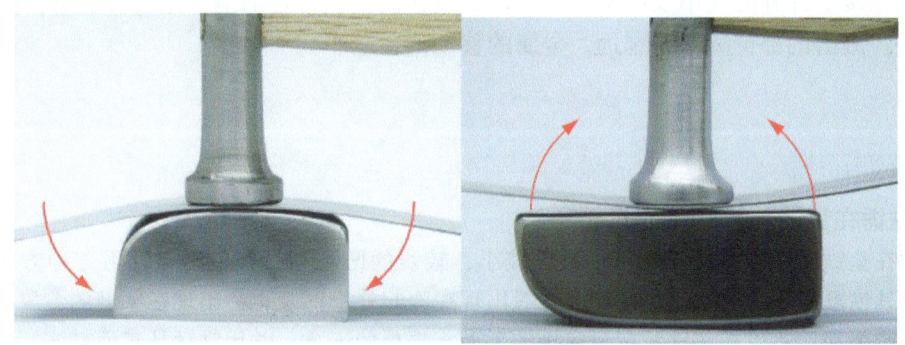

图6-34 垫铁的使用

课后习题

1. 常用的手工整形工具有哪些?
2. 如何使用锤子?

课题三 锤子与顶铁配合整形工艺

学习目标

1. 了解车身钢板整形过程中的变形特点。
2. 掌握锤子与顶铁配合对车身受损部位进行修复技术。

在车身修理中,经常用铁锤敲打金属板,促使金属板表面回弹。这种使用铁锤的方法和钉铁钉所用的铁锤方法是不同的。如果像钉铁钉那样使用铁锤,会给金属板造成更多的损伤。校正金属的关键是知道应在什么部位、在什么时间、用多大的力敲打多少次。

在板件凹陷的整个修理过程中都需要使用垫铁。在大致修整阶段，垫铁用作冲击工具。可用垫铁敲击金属的内侧，使低的部位升高，或者使各种折损展开。垫铁还可以作为铁锤的支撑物。

锤子与顶铁配合敲击有两种方法：实敲法（铁锤在垫铁上敲击或正托法）、虚敲法（铁锤不在垫铁上的敲击或偏托法）。

铁锤在垫铁上敲击法用于拉伸金属，而铁锤不在垫铁上敲击法则用来整平金属。垫铁的形状必须与受损伤部位的内表面相吻合，以免使损伤加重。当用铁锤敲击时，垫铁都要从金属上稍微回弹一点，多少会使金属抬高一些。回弹力的大小由施加在垫铁上的压力以及垫铁与金属板相接触部分的大小及形状决定。当铁锤在离垫铁最近的地方敲击时，可以使金属多抬高一些。敲击的部位离垫铁越远，金属的移动量也越小。

技能训练

1. 铁锤在垫铁上敲击修理法

铁锤在垫铁上敲击修理法适用于修理较小、较浅的凹陷和折损，也可以用这种方法来延伸金属，使其恢复原来的形状。这些情况一般出现在隆起处，偶尔也会出现在平坦的金属板上。为了整平一个折损，可以将垫铁放在金属板的反面折损处的下方，并用铁锤从正面敲击。铁锤对垫铁的敲击将造成垫铁的轻微回弹，同时，垫铁也会从反面敲击金属板。随着垫铁对金属板压力的增大，整平的效果也会更好。一定要选择形状合适的垫铁，垫铁的工作面不符合金属板的形状，其结果必然导致凹陷的增加。垫铁的形状与所接触平板的平面应该一致。图6-35所示为铁锤在垫铁上敲击修理。

当进行延伸金属操作时，车身修理人员要先估算出金属板需要的延伸量，然后才可以敲击，否则金属可能会延伸得太多。在准确判断金属需要的延伸量时，需要用到丰富的钣金经验，不熟练的车身修理人员不应采用这种修理方法。

铁锤在垫铁上敲击法实际包含了两个动作，即铁锤敲击金属板和垫铁向上回弹并撞击金属板的内侧。垫铁上面始终有压力。当压力增大时，回弹的幅度加大且速度加快。当进行快速锤击时，垫铁上的压力增加，以保证快速回弹。为了升高凹陷的金属区，必须通过手的动作，有意识地将每一次的回弹抬高。

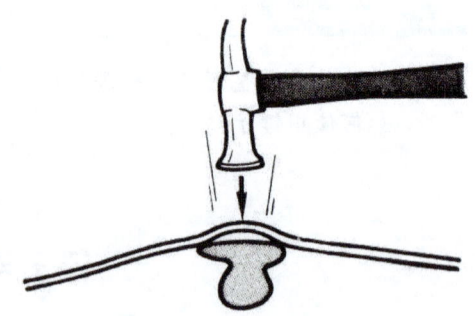

图6-35　铁锤在垫铁上敲击修理

对隆起处的不正确敲击，不仅不能使它延伸，相反地还会使它收缩。所有为延伸而进行的敲击必须准确有力。不准确的猛击也会损伤金属。用铁锤轻敲的方法可以进行整平，不可用来延伸。换言之，当使用铁锤在垫铁上敲击时，应重敲而且不能敲到别处。

许多隆起部位上的收缩区都可采用铁锤在垫铁上敲击法，使它恢复到原来的高度。和采用其他方法相比，这种方法最方便迅速。但是，当采用铁锤在垫铁上敲击时，必须能够接触到金属板的内侧，否则，只能使用惯性锤拉伸或填充剂填充。图6-36所示为一个典型的凹陷区（凹陷卷曲折损）。这块受到损伤的金属板已经过大致修整，但是，凹陷卷曲折损处仍然较低（圆形）。由于在这块金属板上的折损处附近没有出现压缩区，金属板便在A处收缩，如图6-36所示。将A处升高到与B处同样高度的唯一方法就是拉伸。必须沿着卷曲折损的线进行拉伸。单纯地将凹陷处抬高的方法不能解决这一问题，应该对图中的直线A处折损用铁锤在垫铁上敲击的方法校正。

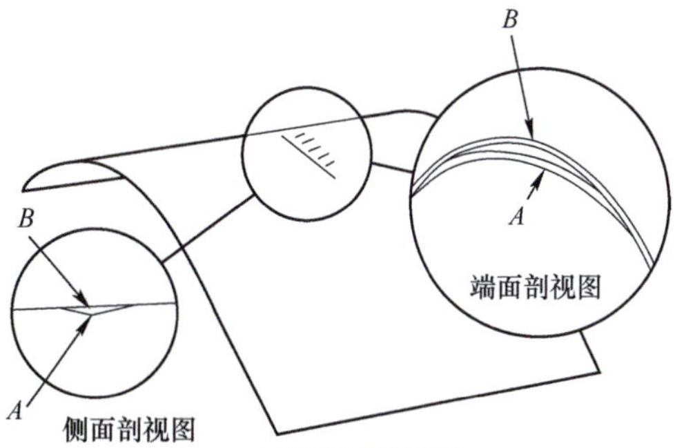

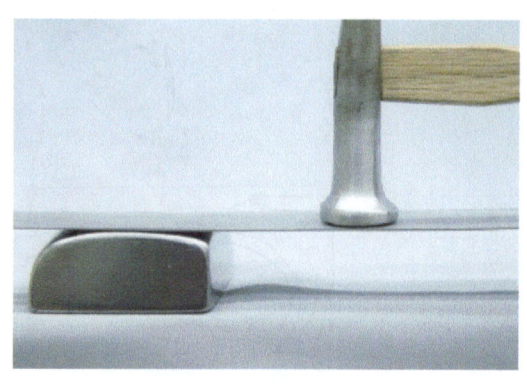

图6-36 敲击的方法校正

2. 铁锤不在垫铁上敲击修理法

采用铁锤不在垫铁上的敲击法来修整金属板时，铁锤实际上并没有敲打在垫铁上。将垫铁放在金属板最低处的下面，用铁锤敲击附近的高处。在这里，垫铁和铁锤一样，也是用来校正损伤部位的，它相当于一个冲击工具，只能敲击拉伸区（一般的方法用在金属板的下面时）。图6-37所示为只能敲击拉伸区。

铁锤不在垫铁上敲击法一般用在平坦的或低隆起的金属板上，这些金属板要比高隆起的金属板柔软。有时，垫铁正好在铁锤的下面，但实际上铁锤并没有敲击垫铁。

图6-37 只能敲击拉伸区

3. 用铁锤和垫铁修整隆起槽的操作方法

对于图6-37中的受损伤金属上的损伤，可使用铁锤和垫铁，按照金属卷曲损伤发生相反的顺序，将其校正。碰撞点是最先撞击的地方，随着金属被推进，在碰撞点的两边逐渐形成一个槽。这个槽（也就是凹陷卷曲折损）通常是除碰撞点以外变形最大的地方。离碰撞点越远的地方槽越浅。槽被推进的同时，在凹陷处的周围形成了隆起（单纯的卷曲折损）。在这种情况下也是中心处弯曲最严重，离中心处越远变形越小。隆起处和槽都产生了加工硬化，加工硬化的程度与弯曲的程度有关。

当修理凹陷部位时，必须从外部开始向外压平，逐渐向中心处接近，按照和碰撞发生时相反的顺序进行。将垫铁紧压在槽的最外端，这里的弯曲程度最轻。用一个平面的冲击锤在隆起处的外端离垫铁最近的地方进行轻度到中度的敲击（铁锤不在垫铁上敲击）。铁锤上的力迫使隆起处逐渐下降，手臂举起沉重的垫铁时产生的压力迫使槽的端部向上抬起。在槽的另一端和附近的隆起处也重复同样的过程。

铁锤不在垫铁上的敲击修理法是从外部逐渐向隆起和槽的中心处或弯曲程度最大的地方进行。随着隆起处和槽内压力的释放，周围的弹性金属必然会返回到它们原来的位置。也可使用垫铁作为敲击的工具，促使槽内的金属上升。但是当槽受到冲击向上升时，如果仍未将垫铁移开，在隆起处或槽内都可能会有太大的压力。这时需要用垫铁进行更多的敲击，才可将压力释放。

当这个部位的形状基本恢复以后，再用铁锤在垫铁上敲击的方法轻敲整平。这时就可以进行精修整或涂敷填充剂了。图 6-38 所示为用铁锤和垫铁修整隆起槽的操作。

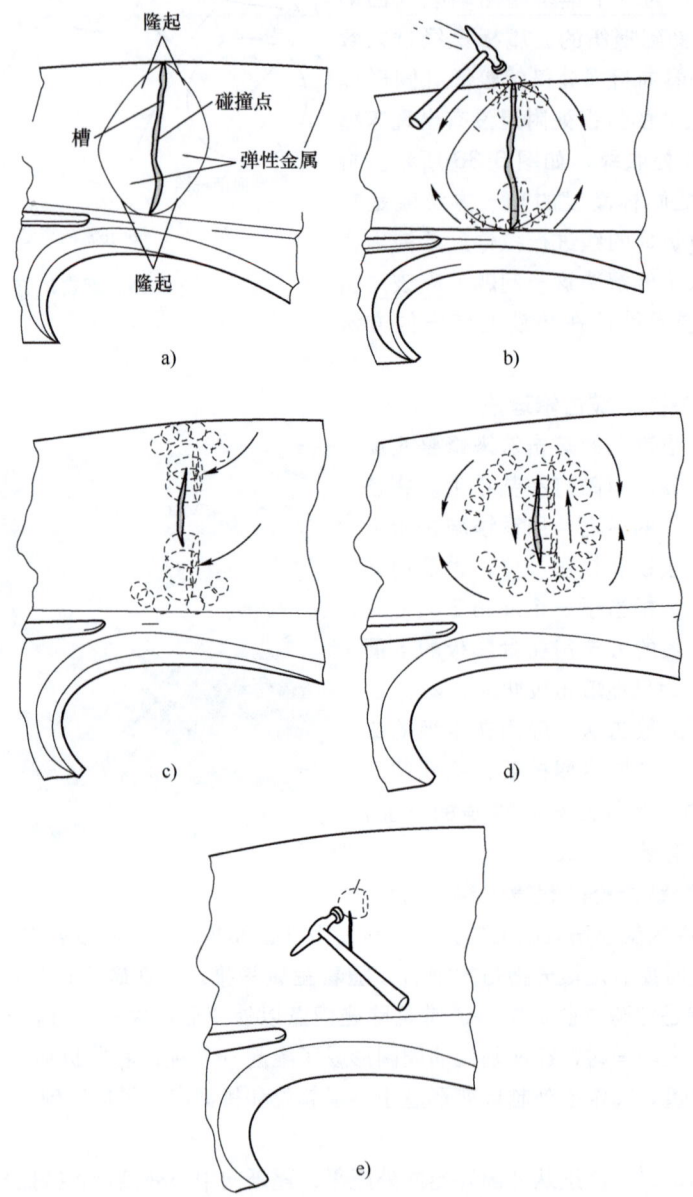

图 6-38　用铁锤和垫铁修整隆起槽的操作

4. 用修平刀修整凹陷处

修平刀在钣金修理中有许多用途，每种修平刀的用途取决于它的形状。修平刀可用来校正凹陷：将某些类型的修平刀置于金属的表面上，再用铁锤敲打，使凹陷得到校正。另外一些修平刀可当作垫铁，放在金属板上难以达到的部位，甚至有些修平刀还可以代替铁锤。

敲击式修平刀是修理金属板时最常用的一种工具，它的质量轻，外形为低隆起形。使用时，将它紧压在高隆起处或折缝处，然后用一个圆头锤或敲击锤来敲击修平刀。冲击力被修平刀分散在隆起或折缝处一个很大的范围内，这样就减少了金属可能会产生的延伸。操作过程中，始终要压紧修平刀，不能让修平刀弹起，因为修平刀的压力也是校正力的一部分。按照从隆起处的最低点（铰折折损处）到最高点的顺序，两边交替地进行校正。图6-39所示为修平刀修整凹陷处。

有时可以用敲击锉来代替铁锤。这时可使用较大的力量来压低敲击锉，一般不会损伤金属板，而且敲击锉可以和垫铁同时使用。只有在损伤部位的压缩区（隆起处）用铁锤敲打金属板的顶部才可以产生校正力。也可以用敲击锉来"敲打"隆起的部位，由此而产生的锯齿形表面会使延伸的金属得到收缩。

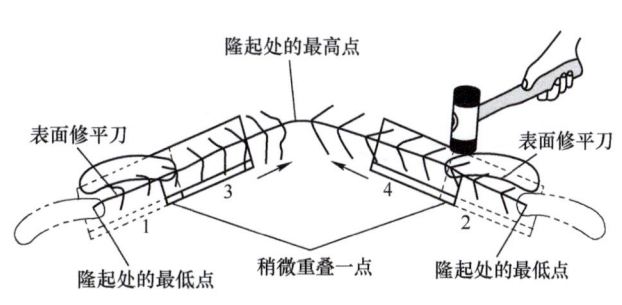

图6-39　修平刀修整凹陷处

可以将修平刀垫在金属板上，再用铁锤敲打，可以增加敲击的效果，也可以将修平刀与敲击修平刀共同使用。车身修理人员常使用一个长的车身修平刀来修理那些铁锤或垫铁难以达到的部位。可以用修平刀对拉伸区施加压力，同时用铁锤敲击压缩区（也就是隆起处）。图6-40所示为修平刀垫在金属板。

在大致修整阶段或校正很深的凹陷时，也可使用修平刀。用一些木块将车门支撑住，使车门面板保持一定的间隙，以便于移动。操作时不可用力拉伸金属板，而使它超出车门原来的形状。使用修平刀或垫铁对凹陷处进行大致修整以后，可以用车身锤对该处进行精修整。图6-41所示为修平刀修整车门面板的凹陷。

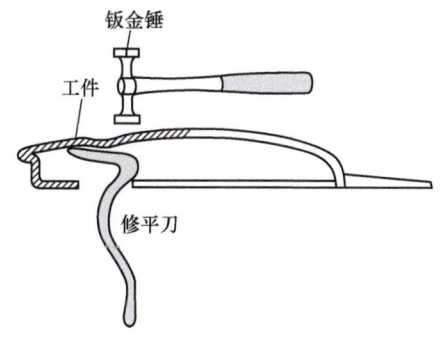

图6-40　修平刀垫在金属板

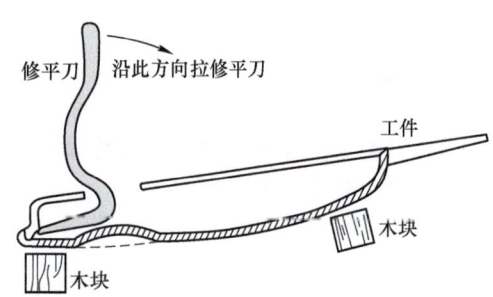

图6-41　修平刀修整车门面板的凹陷

5. 用工具撬起凹陷处

金属上的凹陷，可以使用尖锐的（不是锋利）工具撬起，如尖锤、加长的尖锐工具、垫铁的边缘，甚至还有划针等。当使用撬起工具修复小的凹陷时，最好是轻敲几次，效果比重敲一两次要好。修复了某一个部位以后，要用锉刀或砂轮机进行修整。图6-42显示了一个低点被撬起的过程。由于金属产生了一定的延伸，所以在低点被排除后，应锉掉多余的金属。用力锉金属会使它发热，有利于其他部分的收缩而恢复原来的形状。图6-42所示为用工具撬起凹陷处。

也可用加长型尖头工具，将撬镐插入一个排水孔或门背后的孔内。这样在修理凹陷处时，既不需要拆除门内部的装饰物，也不需要在门的外部面板上钻孔。图6-43所示为长型尖头工具修理凹陷。

当用尖头工具修理时，注意不可施加太大的压力，以免金属受到拉伸。从原来的接触点也就是最低点开始，缓慢地将折缝修复。对于较大的凹陷，可以不用尖头工具，而改用平面形状的工具敲击。轻敲压缩区使它下降，同时使拉伸区上升。

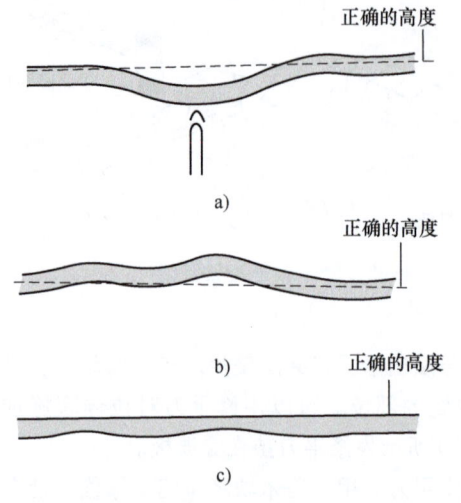

图6-42 用工具撬起凹陷处
a）用顶针顶出凹陷　b）金属受到拉伸，高出正常位置
c）锉平金属，恢复原来的高度

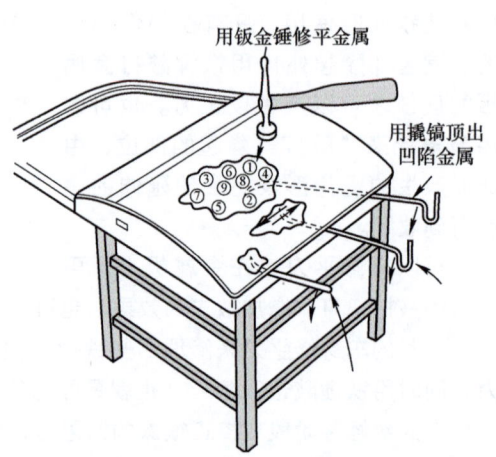

图6-43 长型尖头工具修理凹陷

课后习题

1. 练习锤子与垫铁配合整形的方法。
2. 练习用修平刀修整凹陷。

课题四　车身钢板整形相关知识

学习目标

1. 掌握车身钢板整形安全防护用品的使用。
2. 掌握车身钢板整形工具的熟练使用。
3. 掌握车身钢板拉校原理。

一、安全防护用品

1. 护耳器
护耳器的用途是保护耳朵免受锤击噪声的干扰。有两种主要形式：塞入式和包覆式。

2. 棉手套
棉手套的用途是在钢板修复过程中保护手部免受钢板尖锐的边缘或毛刺的伤害。图6-44所示为棉手套。

3. 护目镜
用途：当实施垫圈焊接时，防止焊接火花溅入眼睛。图6-45所示为护目镜。

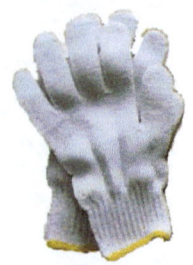

图6-44　棉手套　　　　　图6-45　护目镜

4. 口罩
用途：当实施研磨时防止原子灰或涂料颗粒进入呼吸器官内。图6-46所示为口罩。
特性：有两种主要形式：简易废弃式和滤芯可更换式。
两种形式均有使用寿命期限。
注意：无论使用哪一种形式，都必须遵守其限定的使用期限。
当使用有机溶剂时，必须选择可吸收有机溶剂蒸气式。

5. 安全鞋
用途：保护脚趾免受坠落物的伤害。
特性：鞋尖必须覆盖钢片，鞋底以厚橡胶制成，鞋面以防火材料制成。图6-47所示为安全鞋。

图6-46　口罩　　　　　图6-47　安全鞋

二、工具设备的使用

1. 外形修复机
车身板件修复不容易使用手工工具进行操作时，最好是使用具有电流调整性能的外形修复机，它可以很轻松地把板件上的凹陷拉出来。外形修复机可以焊接垫圈、焊钉、螺柱和星形焊片等进行拉伸操作，还可以使用铜触头和炭棒进行收缩操作。图6-48所示为外形修复。

外形修复机的电源是220V，通过内部的变压器转换成10V左右的直流电。主机上有两条输出电缆线，一条为焊枪电缆，另一条为搭铁电缆，在工作时两条电缆形成一个回路。把搭铁连接到工件上，焊枪通过垫圈等介质把电流导通到面板的某一部分上，由于电流达到3500A左右，垫圈接触面板的部位产生巨大的电阻热，使温度能够熔化钢铁，熔化的垫圈就焊接到面板上了。

2. 车身锉

车身锉用于锉平大的表面。在对损伤部位进行修整后，用车身锉可以磨去高点，而显露出需要再加以敲击的低点。操作时要注意，不要大力使用车身锉，否则可能会锉穿薄金属板。图6-49所示为车身锉。

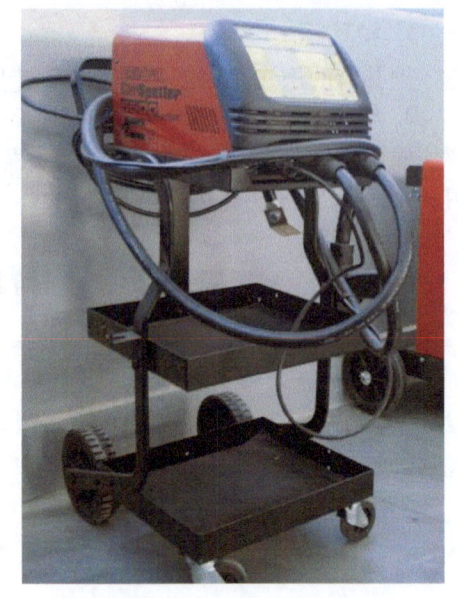

图6-48 外形修复

车身锉的锉片安装在把柄上。把柄是一种带转动拉紧套筒的挠性把柄，转动拉紧套筒可以调整锉片的弯曲，挠性把柄可让锉的形状更好地配合面板的外形。

固定式锉刀把柄适用于锉平面或轻度凸圆形状。

3. 单作用研磨机

金属板在修理之前一般都需要先清除油漆层。操作时一般采用圆盘磨光机来进行。图6-50所示为单作用研磨机。在整个修理过程中，从清除油漆到清除金属都需要使用圆盘磨光机，经常使用的是直径为7in的砂轮，转速至少为4000r/min的磨光机。低速转动的磨光机可用来清除油漆，使用粒度为F16～F60的砂轮。当清除油漆时，最常用的砂轮粒度为F16。粒度为F24或F36的砂轮用来清除金属，而更高的粒度用来消除锉平时留下的痕迹或对金属进行抛光。垫块有两种类型，刚性垫块用来清除金属，而较柔软的垫块用来清除油漆或抛光。较柔软的垫块使砂轮能够随着金属表面的变化而发生滚动。

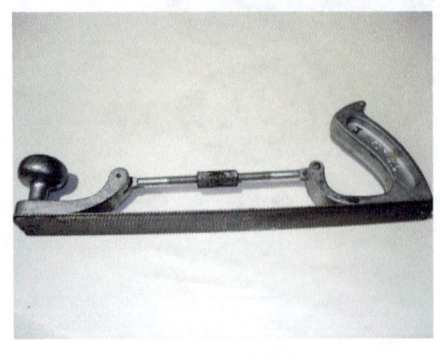

图6-49 车身锉

图6-50 单作用研磨机

在单独清除油漆时最好不要用砂纸类型的磨削方式,而应该使用尼龙砂轮盘,这样既可以打磨掉漆膜又不会伤害下层金属板。砂轮具有两个功能,一个是抛光,用来清除油漆或整平填充物;另一个是横切割,用来清除金属。当使用砂轮机时,只有最上端的部分与金属表面相接触,并且不要使压力过大,砂轮机的重量应恰到好处(在垂直的表面上,压力应与砂轮机的重量相等)。应将砂轮机抬起,使砂轮的背面与金属表面形成10°~20°的夹角。有时,在尖锐的逆向隆起部位难以使用圆形的砂轮进行操作,因为砂轮的边缘会在金属板被切割处划出一条很深的槽。这时,可以切割砂轮片的边缘,使它变成星形砂轮片来进行打磨。

4. 皮带打磨机

皮带打磨机用于打磨狭窄或复杂的漆膜部位。图6-51所示为皮带打磨机。

三、拉校钢板原理

由于现代车身的结构日趋复杂,许多车身板件由于受到焊接在一起的内部板件和内衬附件的限制,而难以触及它们的内部维修,或是因为损伤比较轻微且只局限于金属外板,内板没有损坏,如果拆卸内板或拆卸相关构件,对于车身维修来讲工作量会加大很多,生产率也

图6-51 皮带打磨机

大大降低。因此车身维修中还有使用另一种维修方法,利用车身整形修复机焊接垫圈拉拔低点位置,用锤敲击高点位置的方法,这种方法有些类似于锤子顶铁虚敲作业。图6-52所示为接垫圈拉拔低点位置。

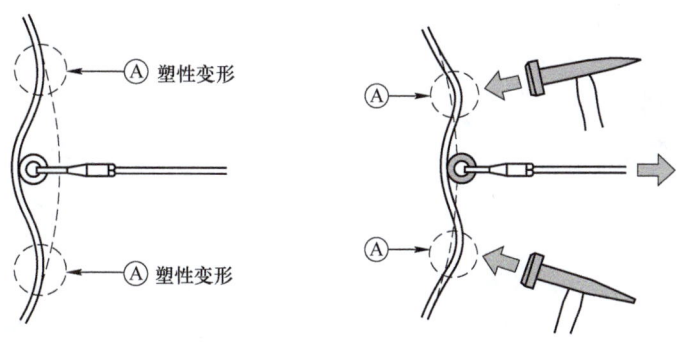

图6-52 接垫圈拉拔低点位置

技能训练

1. 使用拉塔拉拔

使用拉塔拉拔这种方法适用于维修大的凹陷,将众多的垫圈焊接到钢板上,用较大的力量将垫圈一起拉出,链条能够保持拉拔的力量,维修人员的双手可以空出来进行敲击工作。图6-53所示为使用拉塔拉拔。

2. 使用快修工具拉拔

使用快修工具拉拔这种方法与拉塔拉拔原理一致,比拉塔拉拔更专业,适用范围更广,维修

效率更高。图6-54所示为使用快修工具拉拔。

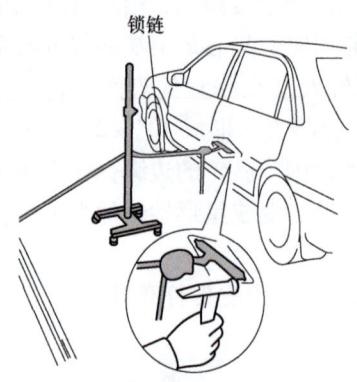

图6-53　使用拉塔拉拔

图6-54　使用快修工具拉拔

3. 使用手拉拔器拉拔

使用手拉拔器拉拔这种方法适用于小凹陷部位维修，使用手拉拔焊接垫圈，然后用锤子敲击钢板凸起部位。图6-55所示为使用手拉拔器拉拔。

4. 使用滑动锤拉拔

使用滑动锤拉拔这种方法适用于粗拉拔或钢板强度高的部位，利用滑动锤的冲击力拉出焊接在凹陷区域的垫圈。图6-56所示为使用滑动锤拉拔。

图6-55　使用手拉拔器拉拔

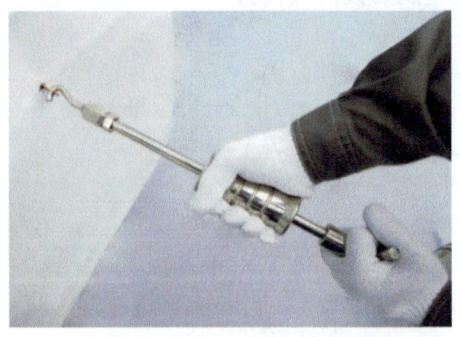

图6-56　使用滑动锤拉拔

5. 使用装有三角垫片的活动锤拉拔

使用装有三角垫片的活动锤拉拔这种方法适用于精整形，焊接极头或三角垫片可焊接至钢板上，并利用惯性锤的冲击力将钢板拉出，因为是单点拉拔，所以在拉拔过程中注意拉拔力度，防止过度拉拔出现高点现象。图6-57所示为装有三角垫片的活动锤拉拔。

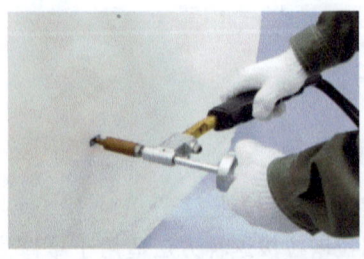

图6-57　装有三角垫片的活动锤拉拔

课后习题

1. 练习使用各种维修工具。
2. 练习操作使用外形修复机。

课题五　车身钢板机械整形工艺

学习目标

1. 掌握车身钢板机械整形工艺的相关知识。
2. 对车身钢板机械整形操作。

一、施工前的准备

1. 安全防护

准备并穿戴好劳动保护用品，包括工作帽、工作服、安全鞋、护目镜、口罩、棉手套和皮手套。

2. 工具设备

准备好工具和设备，如外形修复机、单作用打磨机、钣金锤和钢直尺等。

二、评估受损范围

判断损伤范围的方法一般可分为四种：目视判断、手触摸判断、钢直尺测量判断和按压判断等。

1. 目视判断

目视判断是利用光线照射到油漆表面的反射原理来观察损伤范围和变形的程度，如图6-58所示。

2. 手触摸判断

从损伤的各个方向触摸损伤区域，不要施加任何过大的力量在手上，专心注意手的感觉。图6-59所示为手触摸判断。

3. 钢直尺测量判断

对比受损处与未受损处标记出凸起部位，移动钢直尺，通过空隙判断受损范围。检查凹陷周围是否有凸起，若钢板受损面积较大，则使用另一侧钢板做对比。图6-60所示为钢直尺测量判断。

4. 按压判断

拇指按压，指尖变白即可，对比受损处与未受损处钢板的强度变化，检查整个钢板的强度，图6-61所示为按压判断。

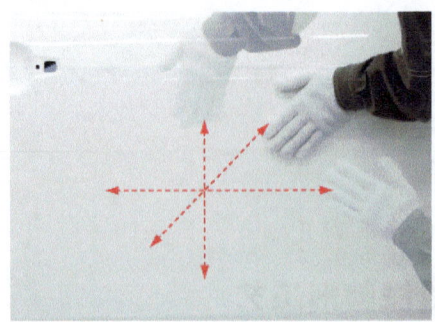

图 6-58 目视判断

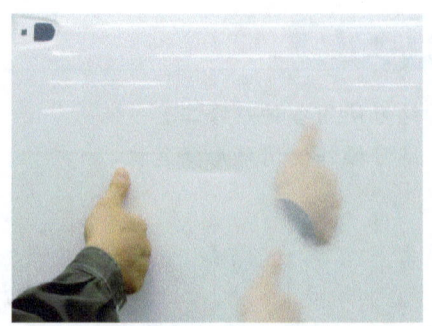

图 6-59 手触摸判断

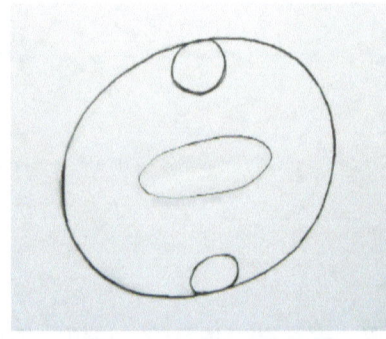

图 6-60 钢直尺测量判断

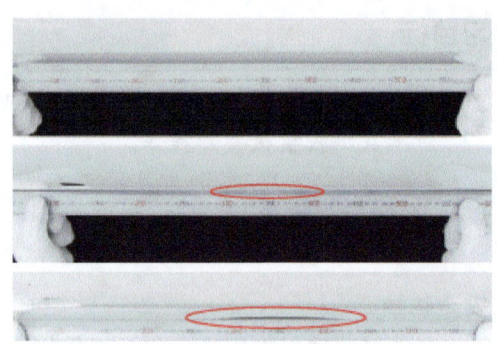

图 6-61 按压判断

5. 划定修理范围

将所有损伤部位都划定在修理范围之内圆形或椭圆形，标记出拉伸区和压缩区。图 6-62 所示为标记的拉伸区和压缩区。

三、制订修理计划

根据维修的部位及损伤大小情况，确定维修方式，制订维修方案。

四、清除旧漆膜

单作用研磨机配合 F60～F80 砂纸，调节单作用研磨机的角度，使用砂纸以内 10mm 的区域研磨，搭铁连接至受损范围内且不妨碍作业的位置，图 6-63 所示为清除旧漆膜。

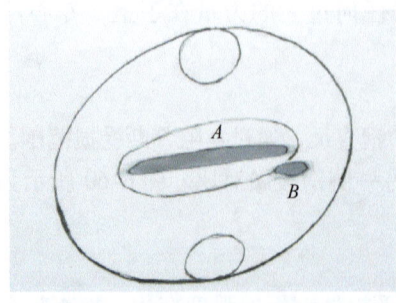

图 6-62 标记的拉伸区和压缩区

图 6-63 清除旧漆膜

技能训练

使用车身整形修复机维修钢板的基本流程为：调整车身整形修复机相关参数—焊接垫圈—拉拔—拆卸垫圈—磨除焊接痕迹。

1. 焊机设定

开始操作之前，必须了解本焊机的使用说明，为获得良好的垫圈焊接质量，在进行作业之前调整合适的电流和通电时间，应采取焊接的方法获得良好的参数。原则是在保证焊接垫圈牢固的基础上尽量减小电流和缩短通电时间。图6-64所示为焊机设定。

2. 连接搭铁线

保证垫圈强度足以承受搭铁重量，将搭铁按压至钢板后焊接垫圈。图6-65所示为连接搭铁线。

3. 焊接垫圈

垫圈焊至塑性变形最深处，适当用力按压垫圈并焊接，直线焊接垫圈，可使拉拔杆穿过垫圈与表面垂直，间隔为8~10mm，垫圈角度与钢板表面垂直。图6-66所示为焊接垫圈。

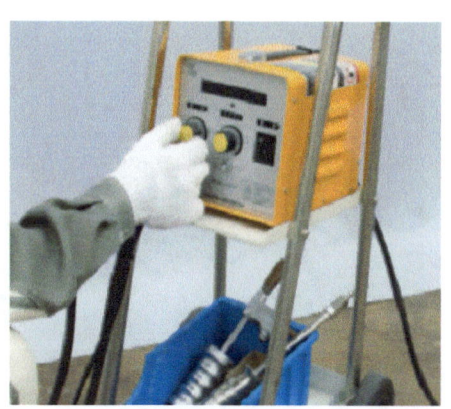

图6-64 焊机设定

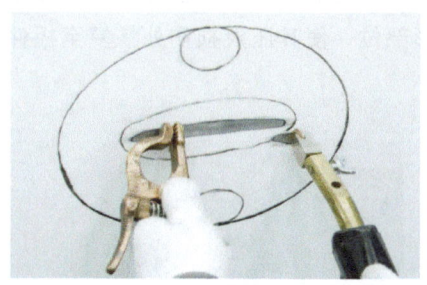

图6-65 连接搭铁线

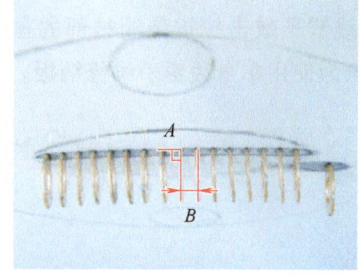

图6-66 焊接垫圈

4. 拉拔作业（以拉塔拉拔作业为例）

拉拔方向与未受损表面垂直。图6-67所示为拉拔作业。

使用钢直尺不断检查拉出高度（考虑到钢板的弹性变形，拉出高度略高于原始表面2~3mm），防止拉拔过度。图6-68所示为检查拉出高度。

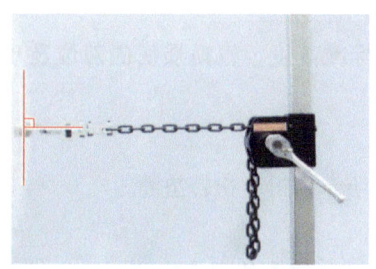

图6-67 拉拔作业

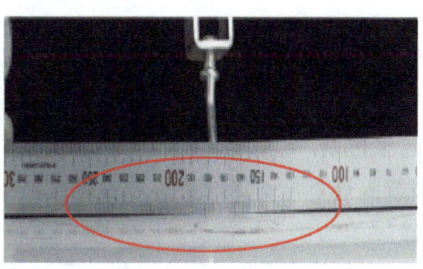

图6-68 检查拉出高度

为防止钢板维修加工硬化，首先用手维修，使凸起部位向内移动，当向外拉拔时，用手从较高部位滑至较低部位，释放拉力后再检查维修状态。图 6-69 所示为防止钢板维修加工硬化。

再使用木槌维修，使用木槌敲击高点位置。图 6-70 所示为木槌敲击高点。

图 6-69　防止钢板维修加工硬化

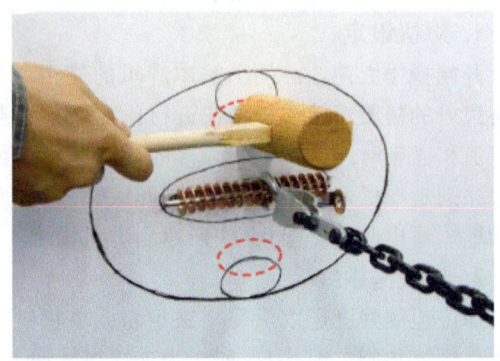
图 6-70　木槌敲击高点

使用精修锤维修钢板，锤子敲击塑性变形区域的折痕处，已达到敲高拉低的效果。图 6-71 所示为使用精修锤维修钢板。

使用车身线錾子维修钢板，由于锤头的面积较大，垫圈根部的塑性变形部位无法敲击到，所以借助车身线錾子敲击拉拔垫圈根部的塑性变形部位，使其压痕损伤处恢复至板件原始高度。图 6-72 所示为使用车身线錾子维修钢板。

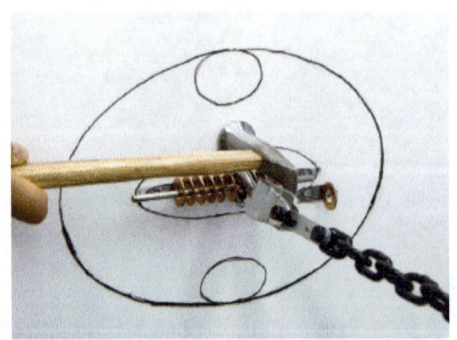
图 6-71　使用精修锤维修钢板

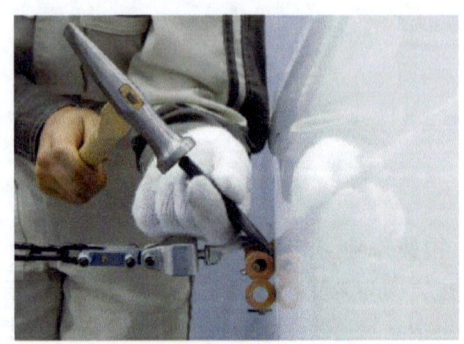
图 6-72　使用车身线錾子维修钢板

以上过程可以重复操作，直到将受损凹陷修复到标准高度，根据损伤的部位及现有的工具设备可以灵活运用拉校钢板原理所列举的维修方法。

5. 拆除垫圈

将扭转垫圈拆下，确保没有变形或穿孔。图 6-73 所示为拆下扭转垫圈。

6. 清除焊接痕迹

单作用研磨机配合 F60～F80 砂纸，手持折叠砂纸清除很深的焊接痕迹，防止板件生锈或产生小气泡。图 6-74 所示为清除焊接痕迹。

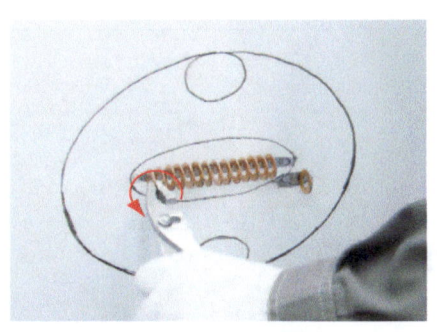
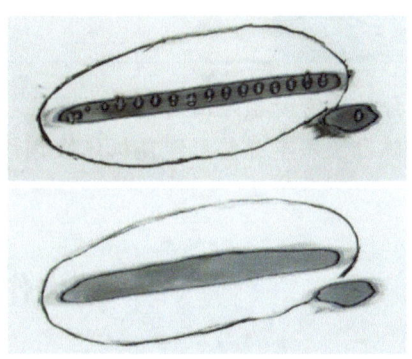

图 6-73　拆下扭转垫圈　　　　　　　　图 6-74　清除焊接痕迹

7. 钢板缩火作业

一根两端都处于自由状态的金属棒，受热时金属棒会膨胀，冷却时回到原来的长度。如果将同一根金属棒的两端都限制住，对它先加热，由于两端不能伸长，在受热部位直径就会增大。如果对受热后直径增大的金属棒骤然冷却，增大部分的金属表面被急剧冷却，增大的变形就被保留下来，金属内部降温较慢，便产生收缩力使金属收缩变形，结果金属棒尺寸缩短。金属棒收缩的原理同样适用于金属板变形部位的收缩。将变形区中心的一小块地方加热至暗红色，随着温度的升高，钢板的受热处开始拱起来并试图向受热范围以外的地方膨胀，由于受热范围以外的金属既冷又硬，钢板无法膨胀，所以产生很大的压力载荷。此时继续加热，金属的伸长将集中在柔软的加热中心部位，这里的金属被向外推出并变厚且向外释放载荷。如果处于这种状态的炽热部位受到骤然冷却，金属将会收缩，金属内部产生拉力载荷以抵抗加热时形成的压力载荷。与加热前相比，表面积将会减小。这个过程就是缩火作业。

实际过程中用焊炬或收缩触头收缩一个部位时，可以对拉伸区的一小块地方加热，使该部位变成鲜红色，先让拉伸区的最高点收缩，然后再让下一个最高点收缩，以此类推，直到整个部位都缩回到原来的位置。

8. 最终修复质量检测

表面形状已恢复：确保没有高于未受损表面的部位，且低于未受损面不超过 1~2mm。

车身线和钢板边缘已恢复：确保车身线和钢板边缘修理后的状况接近未受损表面。

张力已恢复：确保受损表面与未受损表面的张力相同。

配件能够正确安装。

9. 维修钢板背面防锈处理

由于在实施垫圈焊接作业或钢板缩火作业时会产生热量，因而影响钢板背面的漆膜而导致容易生锈的情形，所以板件维修完毕后应在钢板背面喷涂防锈蜡，防止背面生锈。图 6-75 所示为防锈处理。

图 6-75　防锈处理

课后习题

1. 评估车身受损范围的方法有哪些？
2. 练习使用车身整形修复机维修钢板。

课题六 缩火作业相关知识

学习目标

1. 掌握金属材料热处理的基本知识。
2. 掌握金属热收缩的基本原理。

在金属板上有些变形超出了原来的高度，这些板件受到拉伸，一些部位在校正过程中也会受到轻微的拉伸（在直接损伤部位的隆起处、槽和折损处的金属最容易受到拉伸）。当金属板上存在拉伸区时，要将拉伸区校正到原来的形状。受到拉伸的表面会高于原来金属板的形状，在修理时需要对这些变形进行收缩处理，让超出原来高度的板件恢复到原来的形状。图 6-76 所示为缩火处理。

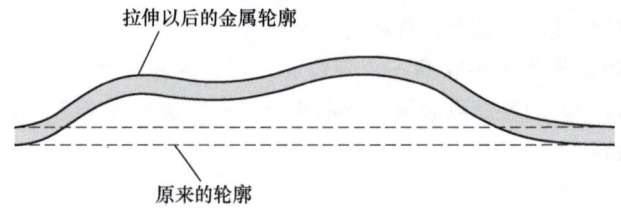

图 6-76 缩火处理

金属板上某一处受到拉伸以后，它的金属晶粒将互相远离，金属板变薄并存在加工硬化。可以采用收缩的方法将金属晶粒拉回到其原来的位置上，从而使金属恢复到原有的形状和厚度。缩火的目的是移动受拉伸的金属晶粒，但不影响周围的未受损伤的金属。

在进行金属收缩操作以前，尽量将损伤部位校正到原来的形状，维修人员才可以准确地判断出损伤部位的金属是否受到拉伸。如果存在拉伸，就应进行缩火。

一、钢铁热处理的种类

钢铁的热处理通常可分为四类：正火处理、淬火处理、回火处理和退火处理。钢铁的热处理是以调整加热温度和冷却速率来控制的，而热处理的结果依金属的含碳量和合金的种类有所不同。

（1）正火处理 正火处理是将钢铁加热到 850℃后，以空气来冷却的一种热处理过程。当钢铁经过机械加工产生塑性变形后，其内部结构将变得散乱，从而造成强度不均，此时可借正火处理来整顿其内部结构，改善力学性能。

（2）淬火处理　淬火处理是将碳质量分数为0.4%的钢铁加热至850℃后，急速冷却的一种热处理过程。淬火虽然增加硬度，但同时也增加脆性。

（3）回火处理　回火处理是将淬火处理过的材料，再次加热到200℃，然后冷却的一种热处理过程。回火处理可使材料的内部组织稳定，以增加韧性。

（4）退火处理　退火处理是材料加热后，慢慢冷却的一种热处理过程。加热的温度根据需求而有所不同。

退火处理根据加热温度和冷却方式的不同，会获得以下不同的结果：

1）消除应力（温度在150~600℃范围内）。可消除材料在机械加工期间所产生的内应力。

2）柔软化（温度在600~700℃范围内）。在各种管类或线类钢材制造期间可改善材料的可加工性，便于切削。

3）结构调整（温度在800℃以上）。整顿材料的内部结构。

二、金属热收缩的原理

图6-77所示为一条钢棒，它的两端都能够自由地伸缩，加热可以使它膨胀，而冷却可以使它回到原来的长度。如果将同一条钢棒的两端都固定住，对它先加热后冷却，钢棒的尺寸将会缩短。

金属加热后快速冷却产生收缩的原因如下：

1）加热时，钢棒的受热部位试图膨胀（图6-78a），但是由于它的两端都无法膨胀，在金属内部便产生了一个很大的压力。

2）当温度进一步升高时，钢棒达到炽热状态并开始变软，压力集中在炽热部位并随着炽热部位直径的增大而释放（图6-78b）。

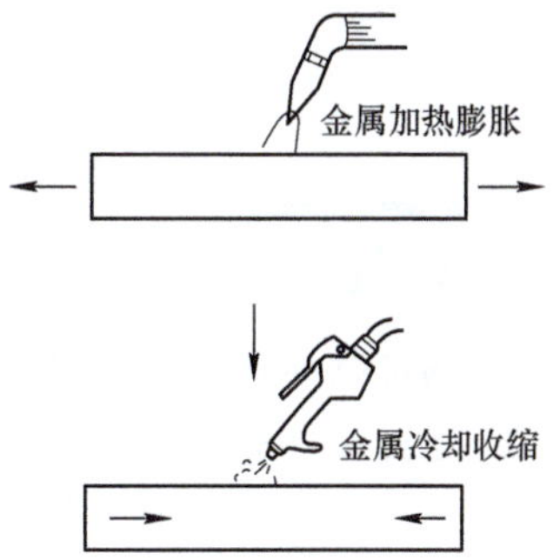

3）如果钢棒被骤然冷却，增大部分的金属不能像正常冷却那样能够恢复到原来的形状，增大的变形被保留下来，金属内部便会产生收缩力，使金属收缩变形（图6-78c）。

图6-77　一条钢棒

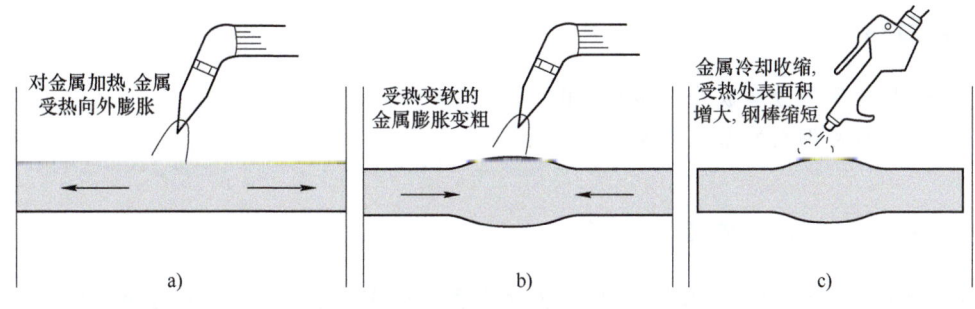

图6-78　钢棒收缩的原理

有关钢棒收缩的原理也适用于金属板上变形部位的收缩。将变形区中心的一小块地方加热至暗红色，随着温度的升高，钢板的受热处开始隆起并试图向受热范围以外的地方膨胀。

由于受热范围以外的金属既冷又硬，钢板无法膨胀，所以产生了很大的压力载荷。图6-79所示为金属板上变形部位的收缩。

这时继续加热，金属的延伸将集中在柔软的炽热部位，这里的金属被向外推出，使这里变厚并释放了压力载荷。

如果处于这种状态的炽热部位受到骤然冷却，金属将会收缩，与加热前相比，表面积将会减小。当金属板由于冷却而收缩时，它的内部产生拉力载荷，以抵抗加热时形成的压力载荷。

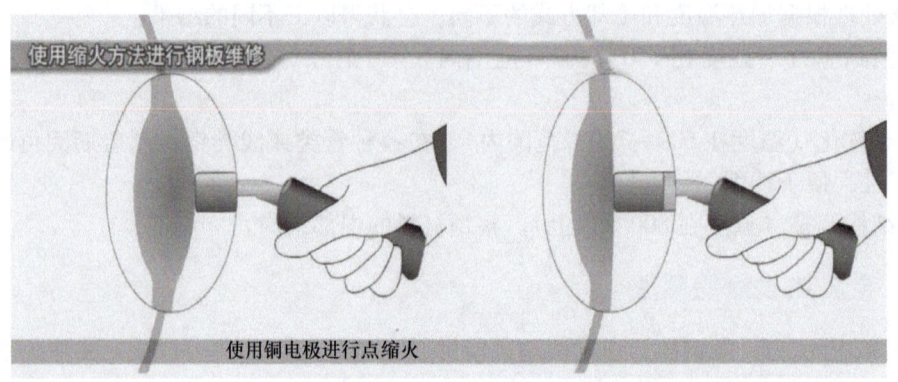

图6-79 金属板上变形部位的收缩

课后习题

1. 钢板热处理的种类有哪些？
2. 退火处理会产生哪几种结果？

课题七 车身钢板缩火工艺

学习目标

1. 熟练掌握金属板热收缩的操作。
2. 掌握冷缩火的基本原理。

一、金属板热收缩操作

当对金属进行热收缩修理时，一般要使用设备来操作，很多种焊接设备都可用于金属的热收缩，如外形修复机、电阻点焊和气体保护焊接设备上都备有改装成热收缩设备的附件。用焊枪或收缩触头收缩某一部位时，可以对延伸区（即隆起处）的一小块地方加热，使它变成鲜红色。先让延伸区的最高点收缩，然后再让下一个最高点收缩，以此类推，直到整个部位都缩回到原来的位置。

收缩和加热的范围由需要收缩部位的剩余金属数量的多少来决定。收缩范围可以在一元硬币到一枚图钉头的大小之间变动。加热的范围越大,热量越难以控制。一般的收缩范围大约相当于一枚五角硬币的大小。

平坦的金属板上应采用小范围的收缩,因为这样的金属板容易变形。可以采用一个很小的加热点来清除平坦的金属板上的很轻微凸起的地方。但是进行这种操作后,这里会发生凹陷,一旦压力消失以后,凹陷处将发生回弹。

1. 采用氧乙炔加热收缩法

1)采用焊接金属板的中性焰,并使用小号的喷嘴。

2)保持焰芯到金属的距离为3mm,直到金属开始发红。图6-80所示为焰芯与金属保持3mm的距离。

3)将焊枪缓慢地沿着圆周运动方向向外移动,直到整个受热部位都变成鲜红色。对金属加热时,不可使金属的颜色超过鲜红色。否则,金属会熔化,产生烧穿孔。

当焊枪的热量进入金属板上一小块区域时,受热的金属开始膨胀。与此同时,该区域周围温度较低的金属产生出抵抗膨胀的力。随着温度的增加,受热的金属变得比较柔软。这些柔软的金

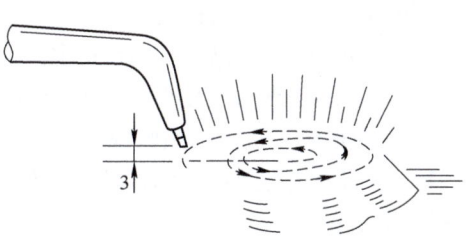

图6-80　焰芯与金属保持3mm的距离

属堆积起来,并在受热处形成隆起(这里的金属通常都会隆起而不是凹陷,因为金属的顶部先受热。当顶部开始隆起时,受热部位的其余金属也相应地隆起)。图6-81所示为受热金属隆起。

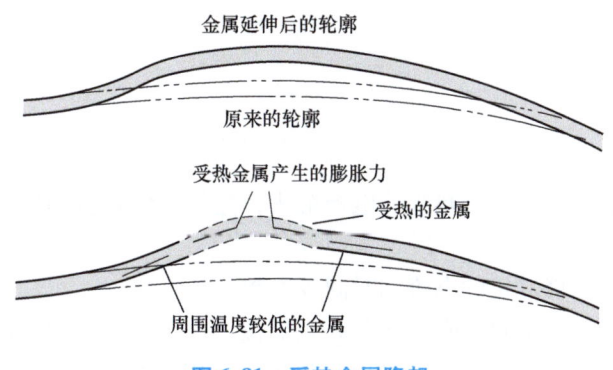

图6-81　受热金属隆起

4)加热后,用钣金锤在加热区周围轻敲几下,使金属晶粒之间相互靠拢。图6-82所示为铁锤在受热区域敲击使金属收缩。

5)在敲打时一般不需用垫铁支撑金属,除非金属发生塌陷。如果需要支撑金属,只能将垫铁轻轻地放在金属的下面。一旦金属上的红色消失,便可以用铁锤不在垫铁上的敲击法或铁锤在垫铁上(轻敲)敲击法,对加热点周围进行整平。不能使用铁锤在垫铁上(实敲)敲击法进行整平,以免重新拉伸金属。

6）当金属上的红色消失并经过整平以后，用一块潮湿的布或海绵，使金属的收缩部位冷却。这样做可以使金属发生更大程度的收缩，同时也会产生轻微的变形。应校正这种变形后，才能开始下一次的收缩。

7）控制每次的收缩量。很难准确地判断出每一个加热点将会有多大的收缩量。当在金属板上某一处进行收缩操作时，金属的收缩量可能与另一处进行同样操作而引起的收缩量不同。

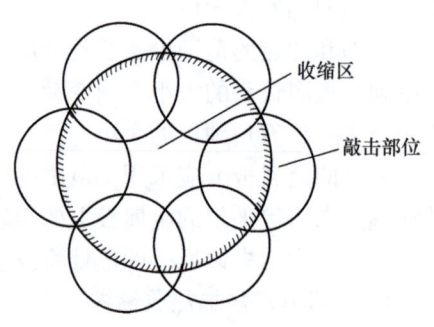

图6-82　铁锤在受热区域敲击使金属收缩

当收缩过的部位完全冷却下来时，经常会出现过量的收缩。如果某一部位产生过量的收缩，最后一次收缩的金属通常会塌陷或被拉平，收缩区周围的金属有时与原有的轮廓不一致。校正过量收缩的方法是用重铁锤在垫铁上敲击法拉伸最后一次的收缩。最后一次收缩通常是造成过量收缩的直接原因。

8）热收缩处理后的板件背面的防腐层会破坏，随后的防腐处理是必不可少的。

2. 用外形修复机进行热收缩

1）在需要进行热收缩的部位用单作用打磨机F60或F80砂纸清除旧漆膜。图6-83所示为清除旧漆膜。

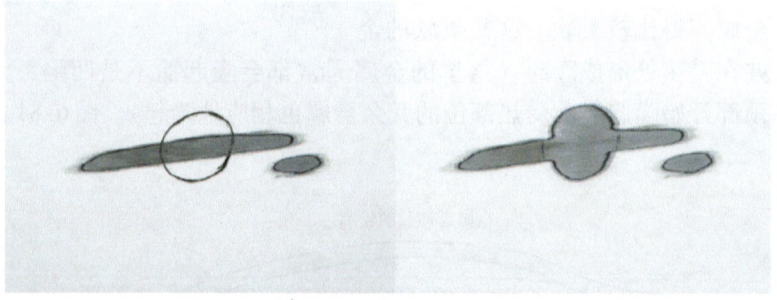

图6-83　清除旧漆膜

2）外形修复机的焊枪更换上热收缩电极触头，把外形修复机的搭铁连接到要修复的板件上。

3）打开并调整外形修复机的电流和时间等参数。

4）把热收缩电极触头接触到隆起的最高点部位，按下开关接通电压，电极通电后在板件接触部位由于电阻热而使板件变红。图6-84所示为用铜触头对板件的高点进行收缩。

5）用空气枪对加热部位快速冷却。

6）对要收缩的部位进行反复收缩操作，直到隆起部位与周围板件高度一致。

7）用电极触头收缩时同样会破坏板件背面的防腐层，所以要进行防腐处理。

8）还可以使用修复机配备的炭棒对高出区域进行收缩。图6-85所示为进行收缩。

3. 铜电极点缩火

各点的收缩量大，可进行局部收缩，建议用于强度良好的部位。图6-86所示为铜电极点缩火。

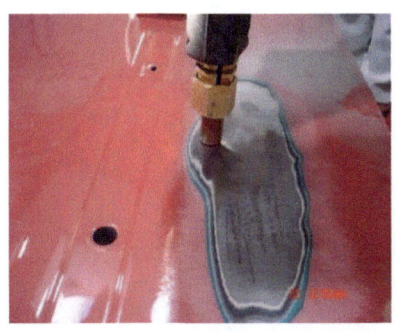 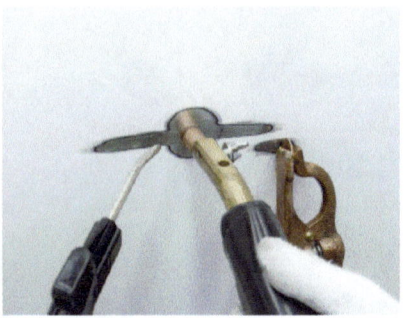

图 6-84　用铜触头对板件的高点进行收缩

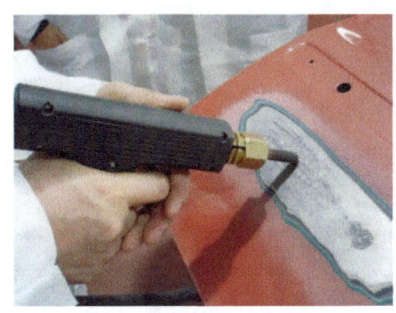 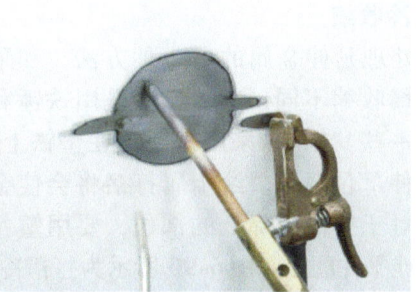

图 6-85　进行收缩

4. 碳棒点缩火

各点的收缩量小，建议用于强度小的部位。图 6-87 所示为炭棒点缩火。

 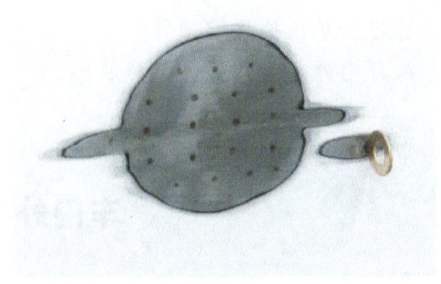

图 6-86　铜电极点缩火　　　　　　图 6-87　炭棒点缩火

5. 炭棒连续缩火（螺旋圈）

各部位的收缩量大，建议用于强度小的部位。由外向里方向画螺旋圈。图 6-88 所示为炭棒连续缩火（螺旋圈）。

6. 炭棒连续缩火（划线）

每条线的收缩量小，建议用于强度小的部位。图 6-89 所示为炭棒连续缩火（划线）。

 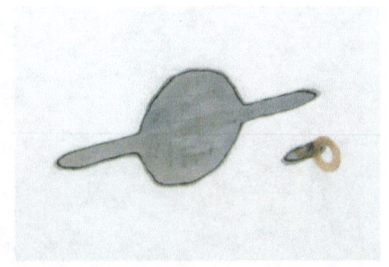

图 6-88　炭棒连续缩火（螺旋圈）　　图 6-89　炭棒连续缩火（划线）

二、冷缩火

1. 打褶冷收缩

打褶是处理延伸金属的另一种方法。和采用加热的方法使金属收缩不同，这种方法是用铁锤和垫铁在延伸区产生一些"褶"。采用铁锤不在垫铁上敲击法，用尖锤在延伸部位轻敲。给金属打褶将会使金属表面稍有降低。对于打褶后降低的部位，要用塑料填充剂填平，然后锉平并磨光。图 6-90 所示为打褶冷收缩。

2. 冷缩火锤缩火

收缩锤端面上的花纹能使被锤击的金属随之发生微小的多曲面变形，由此将板件表面拉紧和收缩，延展变形也将随之被消除。

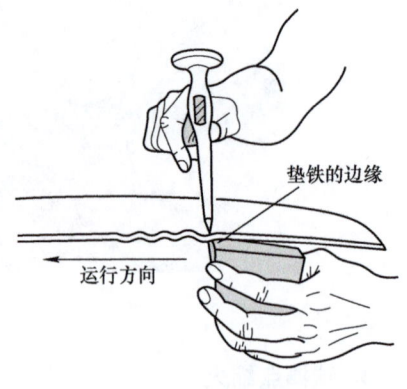

图 6-90　打褶冷收缩

课后习题

1. 练习金属板热收缩操作。
2. 练习用外形修复机进行热收缩。

课题八　车门外板维修

学习目标

1. 熟悉车门的结构。
2. 正确对车门外板损伤进行分析。
3. 掌握车门外板的修理操作。

轿车车门的结构

车门是成员上下的通道，车门是一个有外蒙皮、门内支架、车门板、门窗调节装置、风窗玻璃以及相关部分组成的复杂装配体。车门框架是车门的主要钢架，铰链、玻璃和把手等部件安装在门框架上。车门内饰件总成主要由车门装饰板总成、内拉手分总成、扶手上板及支架总成等组成，车门铰链连接在支柱和车门支架之间，门窗调节器是一个齿轮机构，用以升高和降低车门玻璃。碰撞后车门仍然能够正常开启，以确保营救乘员。在碰撞的过程中车门不能自动打开。

车门是车身侧面最主要的部件，车身侧面没有吸能区，碰撞能量通过车门、车门槛板和中柱等部件的变形来吸收，所以车门内部常采用超高强度钢板制造加强防撞杆，如图6-91所示。

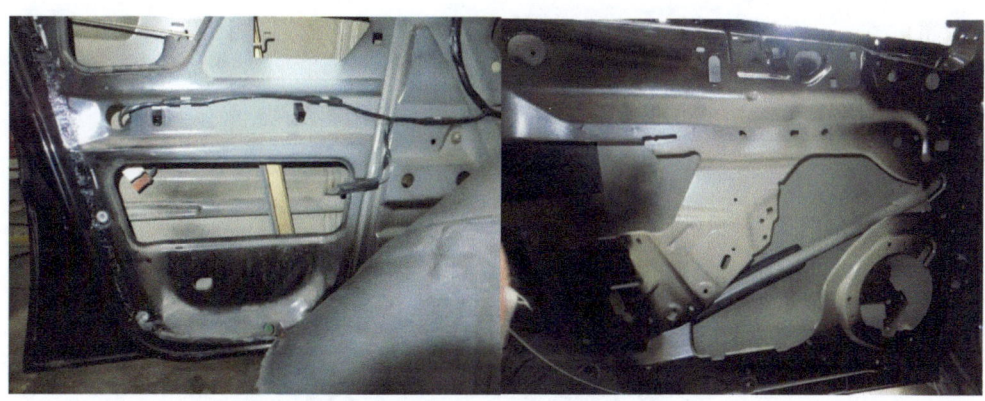

图6-91　车门内防撞杆

 技能训练

影响碰撞变形的因素有很多，包括车辆本身的结构、碰撞角度和位置、碰撞力的大小、碰撞物等。

分析车身碰撞首先就要了解车身机构的类型，例如车身的吸能区是容易发生变形和损坏的，一般轿车在前部和后部设计了吸能区，图6-92所示为前部碰撞。前部的保险杠支撑、前纵梁、挡泥板和发动机舱盖设计了吸能区，后部的保险杠支撑、后纵梁、挡泥板和行李箱盖设计了吸能区，如图6-93所示。

一般观察碰撞部位的结构损伤时，要估计汽车受撞力的大小和方向，再判断碰撞如何扩散并造成损伤，沿着碰撞路线系统检查车身和其他部件可能存在的损坏，直到找不到任何损坏的痕迹，要注意确认车身是否有扭转和弯曲变形及间接变形损伤。承载式车身在碰撞时，撞击能量通过车身扩散，可能会引起沿车身扩散方向车身薄板的损伤。可以通过观察板件连接点有没有错位断裂，油漆层、内涂层及保护层有没有裂缝和剥落，零件的棱角和边缘有没有异样等现象来发现部件的损伤。

确定车身碰撞损伤的过程中要注意：碰撞力会穿过刚性大的部件，最终传递深入至车身部

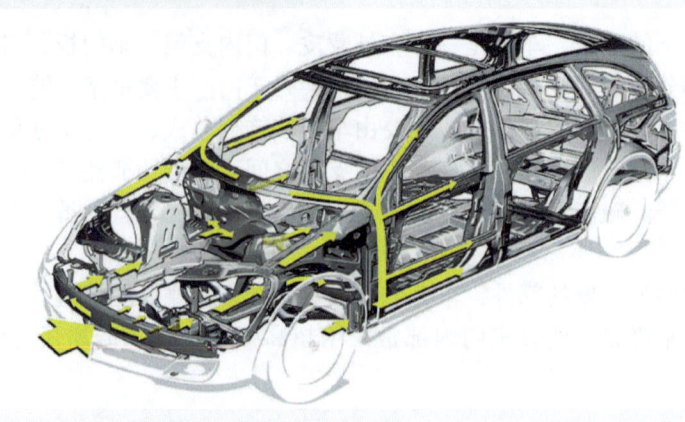

图 6-92　前部碰撞

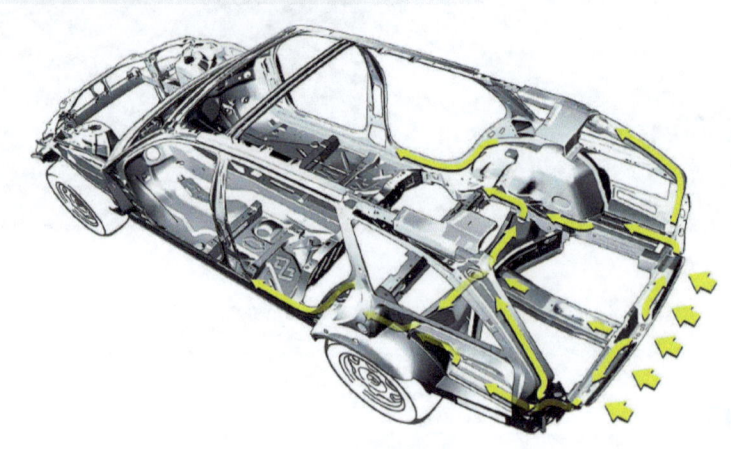

图 6-93　后部碰撞

件内并损伤薄弱部件；要注意检查板件连接点有没有错位断裂，加强筋等加固材料有无裂缝等；目测或使用量具检查车身部件的间隙与配合判断是否发生变形，通过检查可以发现存在的损伤，例如通过检查门的配合状况可以发现支柱的损伤。

通过对车身碰撞损伤的分析，可以确定维修方案。例如对损伤的前门进行评估，通过目测车门的损伤面积是否过大，检查车门后查看内防撞梁等的变形是否严重，选择对车门更换还是修复。

当薄钢板受到碰撞而产生严重损伤时，在严重损伤处薄钢板通常会受到拉伸。薄钢板受到拉伸以后，会变薄且发生加工硬化。在薄钢板延展量过大的情况下会发生弹性变形，所以应该对该区域进行收缩处理，以使其恢复原始形状。

薄钢板收缩常采用电热法，电热法收缩是利用金属热胀冷缩的性质来达到收缩的目的。金属中间部位在加热铜棒的加热下向外膨胀，周围未受热的冷硬金属起约束作用，使钢板沿上下发生膨胀，当快速冷却时，膨胀区收缩而拉紧。在此状态下，如对受热点及其周围的金属进行轻轻的锻打，材料的内应力也因此被消除。

多功能车身整形焊机及与之配套的电热棒和电收缩锤，是电热法收缩的主要工具和设备。将电热棒（炭棒）通电加热后，沿螺旋线方向顺序进行直至中心滑动，使膨胀、隆起的金属受热。然后用湿海绵或布进行冷却，达到收缩的目的。

薄钢板收缩还可以使用收缩锤和收缩垫铁收缩，用专用收缩锤和收缩垫铁，在膨胀隆起部位进行类似敲平的锤击操作。收缩锤与收缩垫铁的端面形状适应车身覆盖件的形状。操作的过程中，不允许将收缩锤与收缩垫铁同时使用，而视实际情况交替使用。另外，还可以通过起褶法来处理收缩金属，它是用钣金锤和垫铁在拉伸变形部位做出一些褶来。

一、工具、量具及设备

橡胶锤、测量尺、螺钉盒、小号一字螺钉旋具、薄片式非金属撬板、车身修复机和打磨机等。

二、材料

F80/F120/F180 砂纸、双面胶（粘贴装饰条用，如图 6-94 所示）等。

三、作业前的准备工作

1）汽车进入工位前，将工位清理干净，准备好相关的器材。

2）将变速杆置于空档，拉紧驻车制动器操纵杆。

3）套上转向盘护套、变速杆手柄套和座椅套等，铺设脚垫。

4）粘贴翼子板和前脸磁力护裙。

5）拉起发动机舱盖释放杆。

图 6-94 双面胶

6）断开蓄电池负极电缆，将点火开关和前照灯变光开关均置于 OFF 位置，并完全拧松电缆螺母。进行这些操作时，不得扭曲或撬动电缆。最后断开电缆。

四、修复车门时的注意事项

1）当拆卸车门装饰件时，要注意保护装饰件表面，不划伤漆面。当拆装装饰件时，采用合适的力度，防止损坏装饰件，以免影响重复使用。

2）修复车门后，需要仔细检查，不能存在延展区，否则影响车的外观。

3）车门修复后，一定要进行防锈处理，否则经过一段时间后车门会锈蚀。

五、修复车门

1）评估损坏的情况。通过目测、手感检测等方法，确认无须换件，并根据损伤情况确定修复范围和方案。同时要注意修复其他相关区域，如门柱和门铰链。

2）为了方便喷涂作业，需要拆卸左前车门外把手。在拆卸门外把手前，需要拆卸车门装饰板分总成。

① 使用头部缠有保护胶带的螺钉旋具，撬开三个卡爪，拆下螺钉，拆下前门内把手。然后将内把手向外拉出一半，再拆下内把手杆以及电动车门锁开关的插头。

② 使用头部缠有保护胶带的螺钉旋具，脱开两个卡子和六个卡爪，拆下前扶手座上板，并断开插接器。

③ 使用头部缠有保护胶带的螺钉旋具，脱开卡爪并拆下门控灯总成，断开插接器。

④ 拆卸前门装饰板分总成。

a. 脱开卡爪并断开车门扶手盖，如图6-95所示。

b. 拆下两个螺钉，使用卡子拆卸工具，脱开九个卡子。

c. 脱开五个卡爪，使用薄片式非金属撬板从前门玻璃内密封条上分开前门装饰板分总成，脱开两个卡爪，并断开前门内把手分总成。拆卸前门内把手分总成，如图6-96、图6-97所示。

图6-95 取下门内扶手盖

图6-96 取下玻璃升降开关

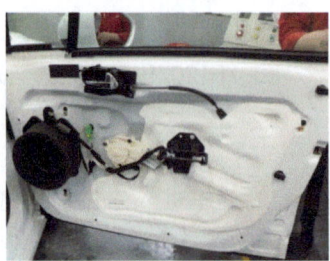
图6-97 取下门内衬板

3）拆卸车门外把手。① 拆下孔塞，用内花键梅花套筒扳手（T30）松开螺钉，然后将外把手盖和车门锁芯作为一个单元拆下。

② 断开插接器。

③ 拆下前门外把手总成。

④ 脱开两个卡爪，拆下前门外把手前装饰盖。脱开两个卡爪，拆下前门外把手后装饰盖。

4）进行修复。当修复车门时，常采用滑动锤拉拔法。滑动锤拉拔法是指使用滑动锤拉拔的冲击力拉出焊接的垫圈来修理凹陷，这种方法用来做粗拉拔和在钢板强度高的部位修理凹陷。在对这类凹陷损坏部位进行修复时，需要用锤子进行敲击，让损坏部位"松弛"下来，便于进行进一步的整修修复。

① 根据损伤面积大小和损伤程度，对受损区的涂层与腻子层进行打磨。

② 根据门板的厚度，调整外形修复机通电时间及电流大小。车门被撞击后其肋（棱线）已经不是十分清楚，为保证焊接垫圈能在原来的棱线位置，在不影响焊接的前提下，可以在肋上划条直线。

③ 在门板受损区域，焊上一排垫圈，两垫圈间距10mm为最佳，焊接时要无虚焊和无火花飞溅，拉下垫圈后无穿孔现象。图6-98所示为焊垫圈。当焊接不良会出现拉拔时，垫圈很容易掉落。过度焊接又会造成拆下垫圈时钢板出现受损的情况，在钢板上留下遗留孔，尤其是在车门棱线处，由于接触面积较小，应选择小电流焊接，避免出现图6-99所示的穿孔现象。

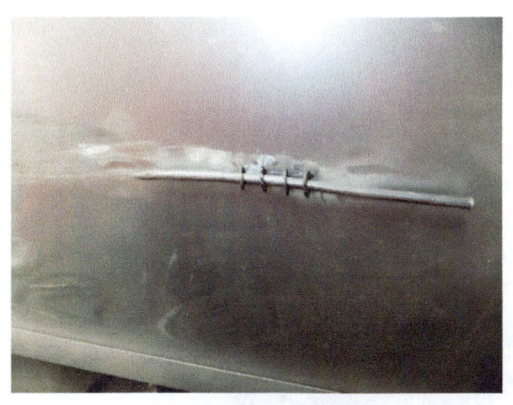
图 6-98 焊垫圈
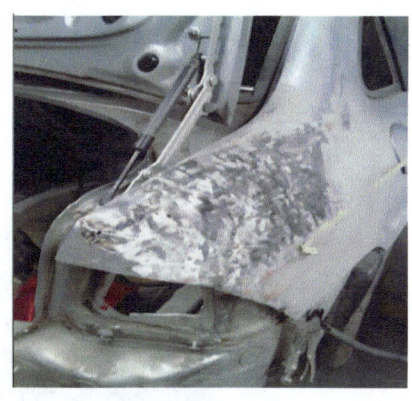
图 6-99 穿孔现象

④ 车身外板常有一些附加结构（肋、凹坑和孔等），这是车身外部构件常有的结构，采用这样的结构可以加强构件表面的刚度，增加构件抗冲击的能力。为了防止损坏这些部位，操作时要特别注意这些部位的特点、构建材料、金属特性并采用正确的整形工艺方法，才能取得较好的效果。用整形修复机将垫圈焊接在肋处时，应密集一些，才能有好的整形效果。修复时用直径为8mm的直钢棒穿入整排垫圈，如图6-100所示，拉锤与板面成90°将车门凹陷部位整体拉出。

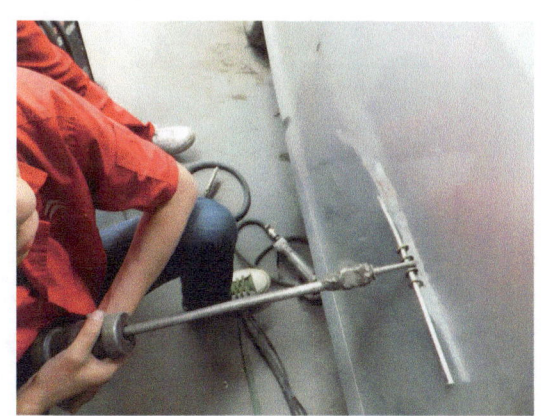
图 6-100 直钢棒穿入整排垫圈

⑤ 一边用整形修复机进行牵拉，另一边用錾子、钣金锤敲击拉伸区的边缘区，进行整形及释放应力。当拆卸垫圈时，将垫圈旋转即可拆卸。

⑥ 再对未拉伸的凹陷部位进行上述操作，在拉伸时，可以对单个垫圈施加拉拔力。

⑦ 用钢直尺检查所拉平面的平面度是否符合要求。用手感检测法检测非平面区域，符合要求后，拆除垫圈。检查门板是否存在局部延展情况，如存在，需进行收缩处理。

⑧ 对焊点进行打磨，将需维修区边缘打磨出羽状边，让其平滑过渡于未受损区，如图 6-101所示。

5）防锈处理。将防锈底漆涂于裸露的门板上。由于焊接垫圈时产生的热量会损坏门板内表面的防锈层，所以在维修后，必须从车门拆装孔对该部位进行防锈处理。将车门修复区内表面打磨干净，喷锌粉喷剂来做防腐处理。

图 6-101　对焊点进行打磨

6）安装附件。在进行涂装后，安装车门装饰条及车门把手，如图 6-102 所示。

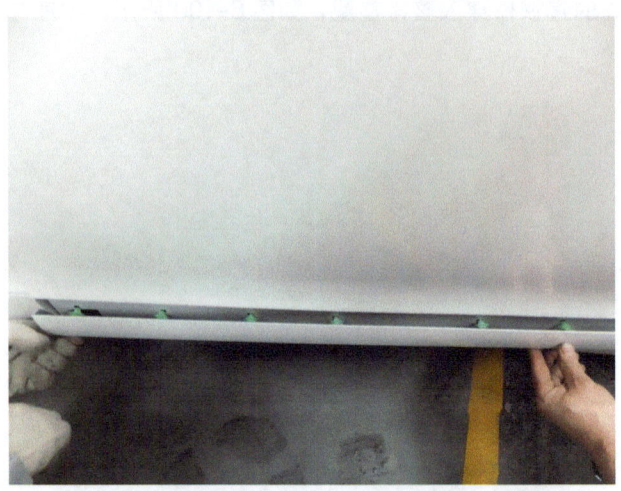

图 6-102　安装附件

7）整理场地。清理工具、量具及设备，打扫卫生。

课后习题

1. 轿车车门的结构有哪些？
2. 修复车门时应注意哪些问题？

汽车车身板件修复 单元六

课题九 前翼子板维修

学习目标

1. 掌握汽车前翼子板维修操作的基本步骤。
2. 掌握汽车前翼子板维修操作的基本技能。

一、车身修复机的操作基本步骤

当使用车身修复机时,首先连接车身修复机的电源,将车身修复机的负极牢固地连接到靠近修复区车身上,再打开车身修复机背面的电源开关。

1)根据使用需要,通过工具选择器选择焊枪。
2)按下焊枪选择键,选择三角片焊接模式。
3)关闭薄板厚度选择键,焊接工件材料厚度指示灯熄灭。
4)将带三角片的焊枪对准焊接位置,并轻搭在被焊件表面。
5)按下焊钳控制开关,开始焊接,待定时完毕再松开。可根据被焊件的清洁情况,选择焊接补偿功能,以期达到更好的焊接效果。

二、检测损伤范围

对于钢板损伤,在修复前、修复作业中及完成后,需要对钢板损伤程度或修复程度进行检验。检测损伤范围的方法一般包括目视检测、手感检测和用钢直尺检测。

目视检测是利用车身钢板上折射的光线来判断损伤范围和变形的程度,判断时要多次移动目视的角度。

手感检测是车身面板修复作业中使用范围最广、使用频率最高的一种检测手段。手感是一种感觉和经验,可以感觉到整个损伤部位的弧度、钢板的隆起和凹陷。

手感检测是用手触摸时,不要施加力于手上,手在覆盖大的面积并且包括未损伤的区域,从各个不同的方向反复移动和触摸,用心感受手的感觉,从而判断、检测钢板的弧度和平面度。

检查平面的平面度,可以借助钢直尺进行,将钢直尺置于平面板件上,一般通过目测判断受损与未受损区域间隙的差异,即可判断板件的修复情况。当检查弧形板面时,最好使用可调柔性锉。

1)工具及设备。车身修复机、卡子拆卸工具、一字螺钉螺具和十字螺钉螺具、快速扳手、接杆、套筒、钣金锤和顶铁等。
2)材料。防腐材料等。

三、作业前的准备工作

1)汽车进入工位前,将工位清理干净,准备好相关的器材。

127

2）将变速杆置于空档，拉紧驻车制动器操纵杆。

3）套上转向盘护套、变速杆手柄套和座椅套等，铺设脚垫，用硬纸板挡住风窗玻璃及发动机系统进行保护。

4）拉起发动机舱盖释放杆。

5）拆卸左前轮。用三角木塞住后车轮，拆松左前轮轮胎螺栓，顶起前轮后拆卸前轮轮胎螺栓。

6）当断开蓄电池负极电缆时，将点火开关和前照灯变光开关均置于 OFF 位置，并完全拧松电缆螺母，当进行这些操作时，不得扭曲或撬动电缆，然后断开电缆。

四、修复前翼子板时的注意事项

1）修复前需要对损坏的翼子板仔细检查评估，根据实际情况确定维修还是更换。

2）拆下的保险杠、前照灯等附件要妥善存放，避免刮花损伤。

3）注意磨削过程中，人不要站在出屑的方向，以防切屑飞出伤害眼睛。

4）完成作业后，需要检查翼子板与车门、发动机舱盖、保险杠和前照灯的配合是否良好。

五、前翼子板的修复工艺流程

前翼子板修复的流程与更换的流程是不相同的，如图 6-103 所示。

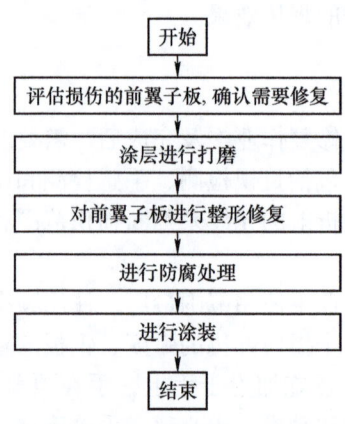

图 6-103　修复工艺流程

　技能训练

修复前翼子板的步骤如下：

1. 制订修复计划

前翼子板在前面被撞，多是主动型的碰撞，变形较复杂，凹陷与褶皱会同时出现，一般选择更换。前翼子板侧面碰撞，多属被动型碰撞，一般产生的凹陷变形，维修较为容易。当制订修复计划时，除了查看翼子板本身的情况外，还要查看翼子板与车门、前照灯和保险杠等的间隙情况，当翼子板与车门间隙过大时，说明翼子板凹陷情况严重。

2. 拆卸附件

拆卸保险杠、前照灯等部件。因为在修复后需要做翼子板防锈处理，以便于维修作业，所以在修复作业前，需要拆卸翼子板内衬，翼子板内衬固定部位较多。

3. 打磨前翼子板上的涂层

应先将车身涂层除去，这样才能将垫圈焊接在损坏部位的金属构件上。

1）根据构件损坏范围，确定涂层打磨范围。

2）选择合理的打磨机和砂纸，使用打磨机前，首先应检查砂轮片有无裂纹和破碎、护罩是否完好。打磨时推荐使用单作用打磨机和F60砂纸。

3）将打磨机平放在板件的表面后，再开动打磨机，反之，如果在接触板件之前打磨机运转，那么在接触板间的瞬间可能摩擦出很深的划痕。

4）沿损伤的各个方向移动打磨机，以清除涂层，不要使打磨机在一个部位停留过长的时间，否则会使板件过热。当磨削薄板制件时，砂轮应轻轻接触工件，不能用力过猛，并密切注意磨削部位，以防磨穿。图6-104所示为打磨涂层。

4. 对前翼子板进行整形修复

1）根据实际情况，在使用车身修复机对翼子板修复前，可以使用钣金锤和垫铁对翼子板进行修复，从翼子板的正面或背面进行敲击。

2）对于金属的凹陷，常采用拉拔法。拉拔法是将凹陷的金属用拉拔的方法抬高，在拉拔的同时，用钣金锤对高点进行敲击，类似于用钣金锤和顶铁的偏托法。当修复翼子板等局部损伤较小且没有加强的薄钢板时，采用具有焊接极头的滑动锤进行拉拔。具有焊接极头的滑动锤是一种包含有焊接极头的滑动锤，此种工具的极头可焊接于钢板上，并将钢板拉出。当使用此工具时，必须将焊机的正极头接于滑动锤的后侧。

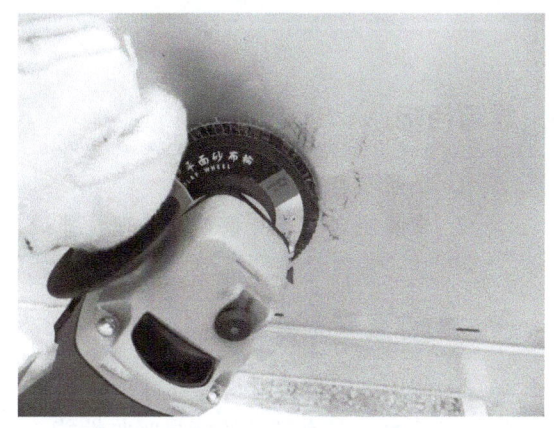

图6-104 打磨涂层

拉拔时，不要一次就将凹陷的位置拉到位，有时需要反复几次才可以达到理想的校正效果。选择第一个拉拔的部位应该远离凹陷最低的地方，拉拔时只能向上稍稍拉出一点，接着再拉下一个位置。这是因为凹陷最低的地方加工硬化程度高，拉伸作用力又过于集中，力过大可能会引起撕裂。再者因为随着周围金属的不断提升，凹陷中心部位也会不断升高，若一次升高过多，可能待修整完毕后凹陷最大的点反而成了鼓起的点，又要重新校正。

3）磨除拉拔痕迹，打磨油漆涂层，打磨后的漆膜边缘应平滑而不能留有台阶，图6-101所示为打磨后的漆膜边缘。

4）进行检查，将前照灯、保险杠试装于车身上，盖上发动机舱盖，查看翼子板与前照灯、保险杠和发动机舱盖配合间隙是否匀称。

进行整形修复后要反复检查整形情况，可以手感检查方法进行检查。整形后翼子板的弧形表面一定要与翼子板的弧形曲面吻合，不能有凸出点，也不能有明显或过深的凹陷。

5. 进行防腐处理和调整

在进行整形操作时已将构件保护层破坏，构件涂层已经失去防腐功能，在潮湿的环境中更容易使构件腐蚀,所以在构件整形完成后,及时喷涂防锈漆是很重要的。

检查前翼子板各处的间隙,如果间隙不符合要求,需要进行调整。

6. 整理场地

清理工具、量具及设备,打扫卫生。

课后习题

1. 车身修复机的操作基本步骤有哪些?
2. 修复前翼子板时应注意哪些?

课题十　铝板件的修复

学习目标

1. 了解铝合金的性能。
2. 掌握铝合金车身板件的修理技能。

一、铝合金车身特点

车身上使用的铝合金材料零部件越来越多,这是因为铝合金有以下特点:

(1) 安全性　具有较高的能量吸收性能,是制造车身变形区的理想材料。

(2) 可加工性　铝材的一致性要比钢材好,它能够很好地通过冲压或挤压加工成形。

(3) 环保型　可减少10%的燃油消耗,99%的铝可以被循环利用。

(4) 轻量化　车身的质量约为汽车总质量的30%,在汽车内外板上用铝合金代替钢板可使车身减小质量40%~50%。一般车身主体采用铝合金制造,可减小质量140kg。

(5) 耐蚀性　单独的一件铝合金材料,会自然地产生氧化,这种氧化层有防腐作用,即使板面被缩火加热,也不需要对板面进行防腐保护。

铝合金还具有密度小、塑性好、不易生锈、热传导性及导电性好且具备可焊接性等特点,而且比钢板要轻很多、软得多,是车身上应用最多的轻质有色金属材料。

二、铝合金在车身上的应用

铝合金可用来制造汽车上的各种板件,例如车身覆盖件的车门板、翼子板、发动机舱盖、保险杠骨架、车身装饰件的装饰亮条、制动踏板、把手和行李架等。如图6-105所示,行李架为铝合金制品,其外表和钢铁、塑料比起来一点也不逊色。

铝合金中最主要的元素是硅,还有少量的镁,这种铝合金部件一般应用在碰撞吸能区域,除了能够承载正常的载荷外,在碰撞变形中还可以吸收大量的能量,减少后面部件的变形量,如图6-105所示是在碰撞中吸收大量能量的保险杠的加强件。

铝铸合金和压力加工铝合金表面处理后,成为制造车身零件的优质材料,可以形成复杂的构件。主要用于制造横梁、保险杠及其支撑件、车身蒙皮、车轮挡泥板罩和车门、底板、裙板的部分构件,铝锌镁合金7000系列在所有的铝合金中强度最高,使用于汽车保险杠的加强梁,图6-106所示为铝合金保险杠加强梁。

图6-105 吸收碰撞能量的铝镁合金　　　　图6-106 铝合金保险杠加强梁

铝合金材料在汽车上的应用发展很快,最初只是应用在汽车的轮毂、发动机等部位,后来一些高档车及跑车,例如奥迪A8、法拉利599、奔驰新SL级等已经用铝合金制造全车的结构件和外部板件。保时捷、宝马5应用铝合金制造发动机舱盖、两前翼子板和两前门等。奥迪A6、别克GL8等也应用了铝合金制造发动机舱盖。随着铝合金制造及加工技术的突飞猛进,大有铝合金车身代替钢板车身的趋势。

三、修复铝合金车身板件的注意事项

1)加工铝合金板件与钢板板件有很大的区别,当打磨外层有涂层的部件至基本材料以及打磨面积较大时,会出现大量的铝粉尘,高质量分数的细小铝粉尘会导致爆炸,即使在空腔内搅动细小铝粉尘也会有爆炸的危险。可以使用防爆排风装置进行抽排,避免由于连续抽吸而造成细小的铝粉尘质量分数增大。在清洁工作场地时不得使用压缩空气,避免铝粉尘在清洁工地时扬起。工人在存在铝粉尘情况下作业要开启防爆排风装置,并戴上防尘面罩等防护用品。

2)铝合金的熔点也较低,加热时容易变形。铝制的车身及车架构件的厚度通常是钢件的1~2倍。由于加工硬化的影响,铝件受到损坏后更加难以修复。在修复损坏的铝板时,应该考虑到这些特性。

3)铝板的强度比较低,不能使用常规钢板的整形工具。修复时使用表面是木制、铝制或塑料锤来进行修复,可以防止在校正中铝板因敲击过重而产生的过度拉伸。不得使用有锐边的工具,不得使用钣金收缩锤,避免过度延展和开裂。

4)由于铝板的可延展性不如钢板,故采用铁锤不在垫铁正上方的敲击法,这种敲击法对铝板的变形较缓和。为了降低隆起处等高度而用木制、铝制或塑料锤配合垫铁敲击时,必须注意不要加重损坏的程度。操作时一般采用偏托法,如果采用正托法敲平,铝板的可延展

性不如钢板，打击所造成的表面变形就不容易恢复，而偏托法敲击对铝板的变形较缓和。当用锤在顶铁上方敲击时，应注意锤的力度和次数，敲击太重或次数太多都会使铝合金加工受到损伤。应该尽量轻敲，循序渐进。

5）对于铝合金板上的小凹陷，可使用撬杠或精修冲撬起，效果更好。对于面积较大的弹性变形，首先可用锤子和修平刀进行弹性敲击，以释放隆起变形处的应力，将敲击产生的力分散到较大的范围，使坚硬的折损处发生弯曲的可能性减小，再用铝合金外形修复机进行修复。另外因铝合金冷却速度快，在加温之后应立即敲打整平作业。

6）使用外形修复机的注意事项。不能使用普通钢板车身修复机修复铝合金车身。铝合金车身外形修复机和钢板外形修复机修复的工作原理不同，钢板外形修复机内部有线圈变压器，通过线圈变压器产生低电压高电流，然后通过垫圈与板件接触通电产生电阻热，熔化钢铁焊接在一起。铝的电阻是钢板的 1/5～1/4，铝焊接时的电流是钢板的 4～5 倍，很难做到这么大的电流。铝板外形修复机内部没有线圈变压器，里面有十几个大容量的电容，通过所有电容瞬间放电来焊接，和钢板外形修复机工作原理相同。

四、铝合金发动机舱盖的结构

发动机舱盖位于车辆前上部，是发动机舱的维护盖板，打开时通过铰链和撑杆支撑，也有通过铰链和液压撑杆固定，可以很方便地开关。

发动机舱盖的铰链或液压撑杆用定心螺栓联接在机罩和前罩板上，使其可以轻松打开。定心螺栓用来安装发动机舱盖铰链发动机舱盖锁。在定心螺栓安装好的情况下，不能调整发动机舱盖和发动机舱盖锁。需调整时，可用带垫圈的标准螺栓替换定心螺栓。

为了防止变形和振动，发动机舱盖通常由两块或两块以上的板焊接或粘接在一起。它包括外板、内板和加强梁，内板和外板的四周以单折边连接取代焊接，加强梁通过电阻点焊连接在内板上，黏结剂涂抹于内板和外板的间隙中。中高档车内板上还有通过塑料卡扣固定的隔热垫，它是纤维状岩棉垫，起隔声、隔热防尘作用。

五、作业工具、设备和材料

（1）工具及设备　气枪、铝合金修复专用的快速扳手、接杆、套筒、专用的脱卸工具、打磨机、专用的铝合金拉伸工具、螺栓盆、干净的胶箱、发动机舱盖修复工作台和铝合金外形修复机等。

（2）材料　热敏涂料、打磨砂纸等。

六、作业前的准备工作

1）汽车进入工位前，将工位清理干净，准备好相关的器材。
2）将变速杆置于空档，拉紧驻车制动器操纵杆。
3）套上转向盘护套、变速杆手柄套和座椅套等，铺设脚垫。
4）粘贴两前翼子板和前通风格栅、前保险杠磁力护裙。
5）拉起发动机舱盖释放杆。

七、铝合金发动机舱盖修复工艺流程

目前使用铝合金车身部件及车身越来越多,发动机舱盖位于车辆的前端,当发生追尾事故时,发动机舱盖一般都会受到损伤。铝合金发动机舱盖修复工艺流程如图6-107所示。

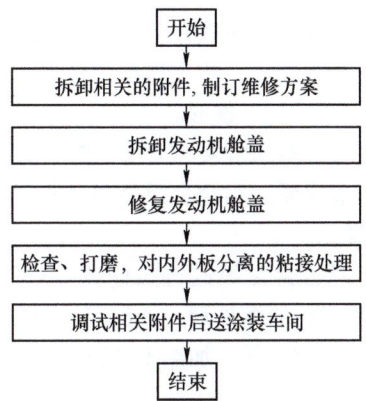

图6-107　铝合金发动机舱盖修复工艺流程

技能训练

发动机舱盖修复的步骤如下:

1. 制订修复计划

为了能正确地进行损伤评估,在作业前,需要拆卸发动机舱盖相关附件。并根据发动机舱盖损伤情况,制订合理的维修方案。

1)拆卸隔热层。在发动机舱盖的背面区域,隔热层是用塑料夹子固定的。为了能重复使用和避免饰板件损伤,只能使用专用的脱卸工具松开连接。

2)检测出其变形位置及区域,正确评估车身的损伤,制订修复计划。观察发动机舱盖损伤严重及很难修复的部位,发动机舱盖受损较严重的需要更换。

2. 铝合金发动机舱盖的拆卸

1)带有前风窗玻璃喷水嘴、发动机舱盖标志的,也需要拆卸。

2)拆卸发动机舱盖铰链。拆卸时要使用专用的工具。受到钢微粒污染的工具应进行彻底清洁。对于部件拆卸的特别提示可从相应的维修说明中获取。如果铝合金件是用螺栓联接的,则在维修时只允许使用维修信息查询系统中所规定的螺栓,否则会提高腐蚀危险性。

3)将受损的铝合金发动机舱盖平整地固定在工作台上,将头盖平行于地面。

3. 修复发动机舱盖

铝合金板外形修复机和钢板外形修复机的工作原理相同,也是在板件上焊接介质,铝合金板焊接的介质是铝焊钉,然后通过铝焊钉对铝合金板进行拉伸,达到修复的效果。铝焊钉的头部有一个小尖与板件接触,接触面积小,电阻大,产生电阻热大,容易焊接,如果铝焊钉没有尖头就不能用了,大的接触面积正常的焊接电流不能够焊接,所以铝焊钉是一次性使用的,不能重复使用。

1）将油漆和底层涂料去掉后，将氧化层清除干净，否则焊接不牢固。打磨搭铁线夹连接点，将铝制搭铁线夹在板上。

2）把焊钉（铝制拉拔专用钉）安装在焊枪上，接通铝焊机的电源，调整合适的电流大小。把焊钉用一定压力压在板件上，焊钉要与板件接触面垂直，按压焊枪的起动开关。焊钉通电后应牢固地焊接在铝板上，应无虚连。

3）把拉伸连接件拧到焊钉的螺纹上，对板件凹陷处进行拉伸。

4）拉伸时动作要轻柔，力要慢慢加大，防止局部变形过大，同时用钣金校正橡胶锤和胶块敲击其变形区的边缘，对拉伸部位进行敲击整形。

5）拉伸完后，用尖嘴钳贴着板面剪出焊接在表面的焊钉。

6）焊接部位用锉或打磨机打磨平整。铝合金板处理后不用进行防腐处理，因为铝合金板会马上形成氧化膜，阻止进一步的氧化。

7）铝合金板的加热收缩。当对铝合金板进行拉伸或敲击时，用力过大很容易形成隆起变形，这时就需要对受到拉伸的板件进行收缩处理，加热可以有效恢复正常的板件高度，将铝合金材料恢复成形。铝合金板的强度低、熔点低，加热不能过高，否则会使板件产生更大的变化或熔化，导致不可修复而需要更换。

加热时要注意铝合金材料拥有良好的导热性，即使只在铝合金材料的某一个集中的部位进行加热，热量也会很快地传递到更大的区域。加热时还要注意铝合金的熔点为660℃，是钢板的一半，而且在加热时不会变成红色。因此，在进行加热处理时应小心，确保材料不被熔化。当对铝合金材料进行加热时，最合适的温度应该在200℃，超过了200℃，铝合金材料金属特性会发生变化。当加热的温度超过250℃时，铝合金材料会变得非常弱。因此在对铝合金材料进行加热时应注意温度的控制。在对于尖锐的锐边凸起恢复形状时，只能用气体燃烧器对变形的区域直接进行加热，避免用火焰的蓝色部分灼烧。

在150～200℃时使材料的凸起部位逐点收缩。铝合金板收缩处理的程序和钢板收缩程序类似，用电极触点或用炭棒进行。

采用热收缩的方法校正铝合金板，与校正钢板有较大的区别。当校正钢板时，必须尽量避免加热，以免降低刚的强度。而校正铝合金板时，则是需要利用加热的方法来恢复加工硬化时降低的可塑性，如果不加热和温度不到位，当校正力施加到铝合金板上时，便会引起受力部位恢复不到位或开裂。在开始校正前，先用火焰对损坏的铝合金板加热。因为铝合金板不会显示出热变色，熔点为650℃，该材料在达到熔化温度后在没有其他征兆的情况下变为流体。这时，受热处中心位置的温度在380～420℃范围内，离铝合金板的熔点还有相当的余量。如果加热温度太高，就可能造成铝合金板的熔化，因此对火焰加热的控制十分重要。

加热时，可以使用加热到200℃时能改变颜色的热敏涂料，来观察和控制加热的温度。首先围绕铝合金板的待加热区域用热敏涂料或热敏笔画一个环状的标志，均匀移动火焰，对变形处加热。当热敏涂料或热敏笔画的标志改变颜色时，应立即停止加热。由于颜色变化很快，热敏笔温度控制不够精确，不适于用在修理厂对车辆结构进行作业时的热处理。对于热收缩部位应尽量缓慢冷却，因为快速冷却、收缩会造成铝合金板的变形，冷却时不能用水，要用气枪来冷却。

8）如有断裂的现象，需先用惰性气体焊对铝合金发动机舱盖开裂处焊接。

4. 打磨及防锈处理

修复后用钢丝刷清洁所有焊缝并清除烧坏的油漆，在原来涂有车身密封胶的所有焊接连接处涂底漆并进行密封。

5. 送涂装车间前检查

修复或更换后还要检查发动机舱盖和两前翼子板、前照灯和前散热格栅等相关构件的间隙和平面度。在确认车身各部配合完全正确后，经检验员检验后才能交下一道工序进行涂装作业。

课后习题

1. 简述铝合金车身板件的特点。
2. 修复铝合金车身板件的注意事项有哪些？

本单元学习了车身钢板轻微损坏的手工整形流程；掌握车身钢板的种类、特性、损坏类型和常用的修理方法；分析钢板损坏的类型及对修理方法的影响；学习了规范的车身钢板手工整形维修作业；了解机械整形的适用场合；掌握钢板维修的基本工艺流程及安全防护，车身钢板缩火的相关知识和掌握缩火工艺；熟练利用车身整形修复机拉拔维修钢板操作。

单元七

汽车车身焊接工艺

完成本单元学习后,你应能:
1. 掌握焊接的劳动安全防护;
2. 掌握焊接设备及辅助工具的使用;
3. 掌握正确的焊接方法;
4. 正确制订焊接工艺并能对焊接缺陷的原因进行分析。

课题一 Q235 钢板对接平焊

学习目标

1. 掌握焊条电弧焊的相关知识。
2. 掌握焊条电弧焊的操作技能。

知识准备

1. 电弧焊及焊条电弧焊的安全操作规程

（1）焊条电弧焊 焊条电弧焊是利用电弧的热量加热并熔化金属进行焊接的一种焊接工艺方法。

（2）劳动安全防护

1）工作前要穿戴好劳动保护用品。

2）合拉电闸时宜戴手套操作，并站在电闸的旁侧，动作要迅速到位，发现问题要及时拉闸。

3）检查电焊机外壳接零线或搭铁是否良好、可靠。

4）焊接过程中要注意通风，清除熔渣时应戴好防护眼镜。

5）对被焊物进行安全确认。

6）工作完毕，切断电源（拉下电闸）清理好工作场地。

2. 电弧焊设备及辅助工具的使用

（1）常用焊条电弧焊机 我国焊条电弧焊机有三大类：弧焊变压器、直流弧焊发电机和弧焊整流器。图 7-1 所示为电弧焊机。

（2）电焊钳 电焊钳又称为焊把，是用以夹持焊条、传导电流的工具。有 300A、500A 两种规格，要求具有良好的绝缘性与隔热能力。图 7-2 所示为电焊钳。

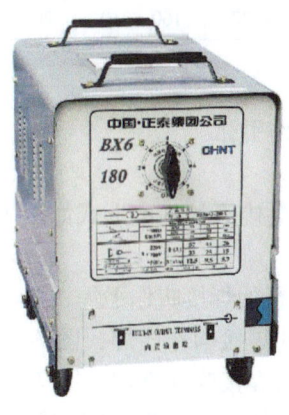

图 7-1　电弧焊机

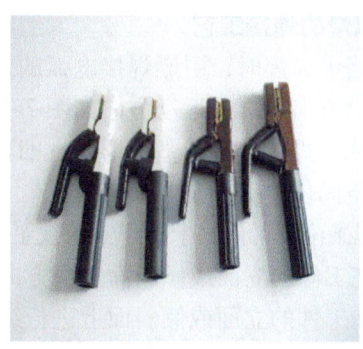

图 7-2　电焊钳

(3)面罩和护目镜　面罩和护目镜是防止焊接飞溅、弧光及高温对焊工面部及颈部灼伤的一种工具。面罩一般分为手持式和头盔式两种。图7-3所示为面罩和护目镜。

(4)敲渣锤　敲渣锤是用来清除焊渣的一种尖锤,可以提高清渣效率。

(5)钢丝刷　钢丝刷用来清除焊件表面的铁锈和油污等氧化物。

(6)气动打渣工具及高速角向砂轮　气动打渣工具及高速角向砂轮用于焊后清渣、焊缝修整及坡口准备。

(7)焊条直径　焊条直径是保证焊接质量和效率的重要因素。图7-4所示为焊条。焊条直径一般根据焊件的厚度选择,见表7-1。

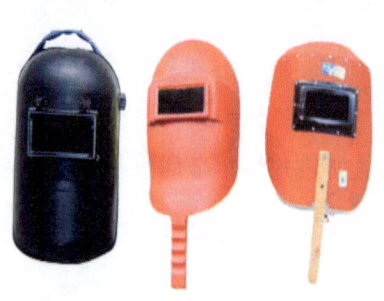

图7-3　面罩和护目镜

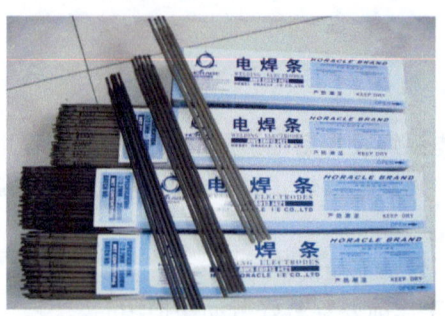

图7-4　焊条

表7-1　焊条直径根据焊件的厚度选择　　　　　　　（单位：mm）

焊件厚度	2	3	4～5	6～12	>13
焊条直径	2	3.2	3.2～4	4～5	4～6

(8)焊接电源种类和极性的选择　当焊接薄板时,不论用碱性焊条还是用酸性焊条,都选用直流反接。

(9)焊接电流　对于一定直径的焊条有一个合适的焊接电流范围,见表7-2。

表7-2　焊接电流范围

焊条直径/mm	1.6	2.0	2.5	3.2	4	5	6
焊接电流/A	25～40	40～65	50～80	100～130	160～210	200～270	260～300

3. 焊条电弧焊的焊接工艺

1)引弧。当电弧焊时,引燃焊接电弧的过程叫作引弧。

2)焊条运动方向。焊条运动方向如图7-5所示。

3)接头形式。焊接接头的基本形式有四种,焊接接头的基本形式如图7-6所示。

4)焊接的空间位置。

① 平焊：焊条位于工件之上,焊工俯视工件所进行的焊接叫作平焊,图7-7所示为平焊。

② 横焊：在工件的立面或倾斜面上横方向进行的焊接叫作横焊,图7-8所示为横焊。

③ 立焊：在工件的立面或倾斜面上进行纵方向的焊接叫作立焊,图7-9所示为立焊。

④ 仰焊：焊接时焊条位于工件下方,焊工仰视工件进行的焊接叫作仰焊,图7-10所示为仰焊。

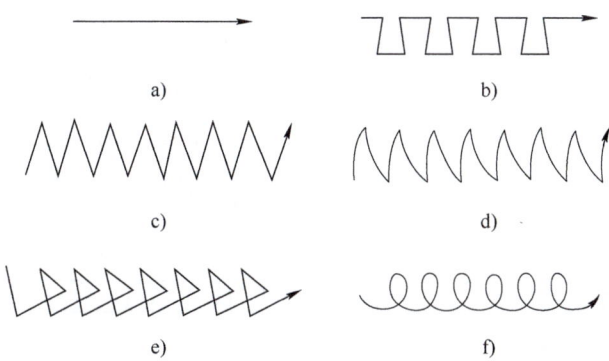

图7-5 常见运条法
a）直线形运条法 b）直线往复运条法 c）锯齿形运条法
d）月牙形运条法 e）三角形运条法 f）环形运条法

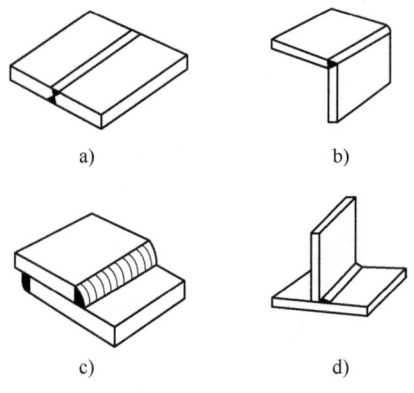

图7-6 焊接接头的基本形式　　　　图7-7 平焊

图7-8 横焊　　　　图7-9 立焊

5）收尾。焊缝的收尾是指一条焊缝焊完后如何收弧（熄弧）。

6）焊缝的连接。受焊条长度的限制，焊缝前后两段出现连接接头是不可避免的，但焊缝接头应力求均匀，防止产生过高、脱节和宽窄不一致等缺陷。图7-11所示为焊缝的连接。

图 7-10　仰焊

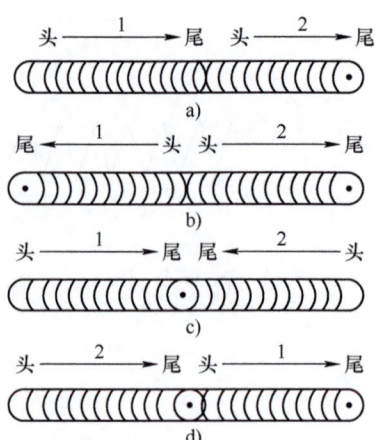

图 7-11　焊缝的连接

7）焊接缺陷。焊接缺陷主要有如图 7-12 所示几种。

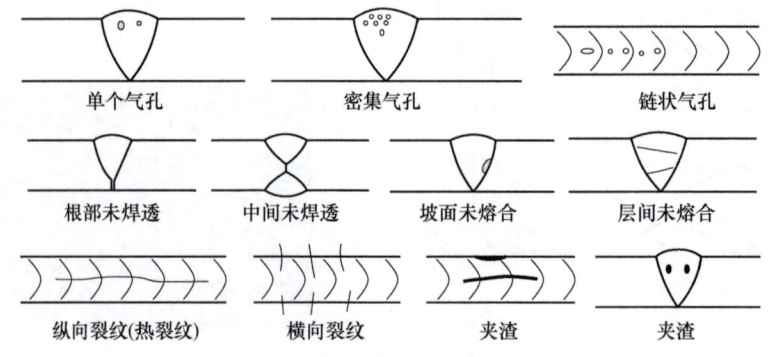

图 7-12　焊接缺陷

8）焊接缺陷产生的原因及预防方法见表 7-3。

表 7-3　焊接缺陷产生的原因及预防方法

缺　陷	产生原因	预防方法
裂纹	焊缝深宽比太大，焊道太窄（特别是角焊缝和底层焊道）	增大电弧电压或减小焊接电流，以加宽焊道而减小熔深；减慢行走速度，以加大焊道的横截面
	焊缝末端处的弧坑冷却过快	减小冷却速度；适当地填充弧坑；在完成焊缝的顶部采用分段退焊技术，一直到焊缝结束
	焊丝或工件表面不清洁（有油、锈和漆等）	焊前仔细清理
	焊缝中含 C、S 量高而 Mn 量低	检查工件和焊条的化学成分，更换合格材料
	多层焊的第一道焊缝过薄	增加焊道厚度
夹渣	采用多道焊短路电弧（熔焊渣型夹杂物）	在焊接后续焊道之前，清除掉焊缝边上的渣壳
	运条速度快（氧化膜型夹杂物）	减慢运条速度，采用含脱氧剂较高的焊条，提高电弧电压

(续)

缺　陷	产　生　原　因	预　防　方　法
气孔	有风	减慢焊接速度，减小焊条到工件的距离，焊接结束时应在熔池凝固之后移开焊条
	工件的污染	在焊接之前，清除工件表面上的全部油脂、锈、油漆和尘土；采用含脱氧焊条
	电弧电压太高	减小电弧电压
咬边	焊接速度太快	减慢焊接速度
	电弧电压太高	降低电压
	停留时间不足	增加焊条在熔池边缘的停留时间
	焊条角度不正确	改变角度，使电弧力推动金属流动
未熔合	焊缝区表面有氧化膜或锈皮	在焊接之前，清理全部坡口面和焊缝区表面上的轧制氧化皮或杂质
	焊接熔池太大	减小电弧摆动，以减小焊接熔池
	焊接技术不合适	当采用摆动技术时应在靠近坡口面的熔池边缘停留，焊丝应指向熔池的前沿
	接头设计不合理	坡口角度应足够大，使电弧直接加热熔池底部；坡口设计为 J 形或 U 形
未焊透	坡口加工不合适	接头设计必须合适，适当加大坡口角度，使焊条能够直接作用到熔池底部，设置或增大对接接头中的底层间隙
	焊接技术不合适	使焊条保持适当的行走角度，以达到最大的熔深，使电弧处在熔池的前沿

9）焊条直径的选择主要依据焊件的厚度、焊接位置、焊道层数及接头形式来决定。当焊接件厚度较大时，应选用较大直径的焊条。平焊时，可采用较大电流焊接。焊条直径也相应选大。当横焊、立焊或仰焊时，因焊接电流比平焊小，焊条直径也相应小些。焊件厚度与焊条直径推荐值见表 7-4。

表 7-4　焊件厚度与焊条直径推荐值

焊件厚度/mm	1.5~2	2.5~3	3.5~4.5	5~8	10~12
焊条直径/mm	1.6~2.0	2.5	3.2	3.2~4.0	4.0~5.0

10）焊接电流种类和极性的选择。

① 焊接电流种类：交流、直流。

② 极性选择：正接、反接。正接指焊件接电源正极，焊条接电源负极的接线方法。反接指焊件接电源负极，焊条接电源正极的接线方法。

技能训练

1. 划擦法

操作要领：类似划火柴，先将焊条端部对准焊缝，然后将手腕扭转，使焊条在焊件表面上轻轻划擦，划的长度以 20～30mm 为佳，以减少对工件表面的损伤，然后将手腕扭平后迅速将焊条提起，使弧长约为所用焊条外径的 1.5 倍，做"预热"动作（即停留片刻），其弧长不变，预热后将电弧压短至与所用焊条直径相符。

2. 直击法

焊条垂直于焊件，使焊条末端对准焊缝，然后将手腕下弯，使焊条轻碰焊件，引燃后，手腕放平，迅速将焊条提起，使弧长约为焊条外径的 1.5 倍。图 7-13 所示为直击法。

3. 引弧注意事项

1）注意清理工件表面，以免影响引弧及焊缝质量。图 7-14 所示为清理工件表面。

图 7-13　直击法

图 7-14　清理工件表面

2）引弧前应尽量使焊条端部焊芯裸露，若不裸露可用锉刀轻锉，或轻击地面。

3）引弧时，若焊条与工件出现粘连，应迅速摆动焊钳，使焊钳脱离焊条，以免烧损弧焊电源，待焊条冷却后，用手将焊条拿下。图 7-15 所示为引弧。

图 7-15　引弧

小提示：初学引弧要注意防止电弧光灼伤眼睛。

4. 运条方法

(1) 焊条的送进　沿焊条的中心线向熔池送进,主要用来维持所要求的电弧长度和向熔池添加填充金属。在焊接时应选用短弧。图 7-16 所示为焊条的送进。

(2) 焊条纵向移动　焊条沿焊接方向移动,目的是控制焊道成形,若焊条移动速度太慢,则焊道会过高和过宽,外形不整齐。图 7-17 所示为焊条纵向移动。

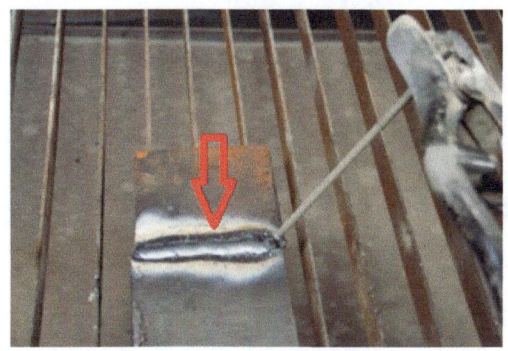

图 7-16　焊条的送进

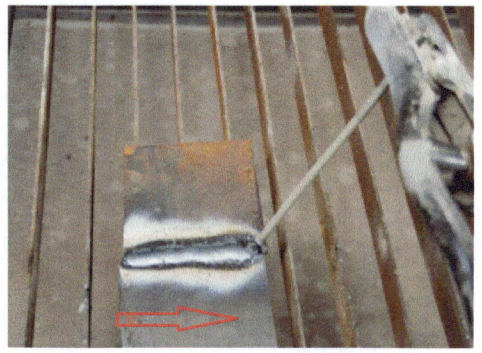

图 7-17　焊条纵向移动

(3) 焊条横向摆动　焊条横向摆动,主要是为了获得一定宽度的焊缝和焊道,也是对焊件输入足够的热量,以及排渣和排气等。图 7-18 所示为焊条横向摆动。

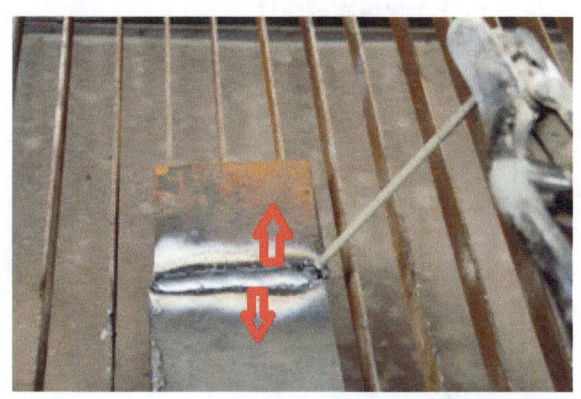

图 7-18　焊条横向摆动

(4) 焊条角度　焊接时工件表面与焊条所形成的夹角称为焊条角度。图 7-19 所示为焊条角度。

(5) 运条时几个关键动作及作用

1) 焊条角度。掌握好焊条角度是为了控制铁液与熔渣很好地分离,防止熔渣超前现象和控制熔深。

2) 横摆动作的作用是保证两侧坡口根部与每个焊波之间很好地熔合及获得适量的焊缝熔深与熔宽。

3) 稳弧动作(电弧在某处稍加停留之意)的作用是保证坡口根部很好熔合,增加熔合面。

4) 直线动作是保证焊缝直线敷焊,并通过变化直线速度控制每道焊缝的横截面积。

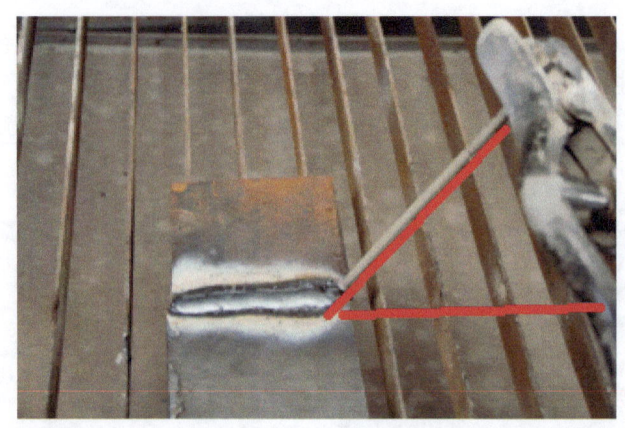

图 7-19　焊条角度

5）焊条送进动作主要是控制弧长，添加焊缝填充金属。

（6）焊道连接

1）接头时引弧应在弧坑前 10mm 任何一个待焊面上进行，然后迅速移至弧坑处划圈进行正常焊。图 7-20 所示为接头引弧。

2）接头时应对前一道焊缝端部进行认真的清理工作，必要时可对接头处进行修整，这样有利于保证接头的质量。图 7-21 所示为焊缝端部清理。

图 7-20　接头引弧

图 7-21　焊缝端部清理

（7）焊缝的收尾　焊接时电弧中断和焊接结束，都会产生弧坑，常出现疏松、裂纹、气孔和夹渣等现象。

1）划圈收尾法。当焊条移至焊缝终点时，做圆圈运动，直到填满弧坑再拉断电弧。此法适用于厚板收尾。图 7-22 所示为厚板收尾。

2）反复断弧收尾法。当焊条移至焊缝终点时，在弧坑处反复熄弧，引弧数次，直到填满弧坑为止。图 7-23 所示为反复断弧收尾。

3）回焊收尾法。焊条移至焊缝收尾处即停住，并改变焊条角度回焊一小段。此法适用于碱性焊条。图 7-24 所示为回焊收尾。

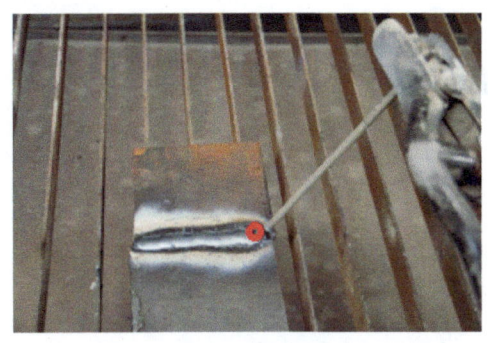
图 7-22 厚板收尾

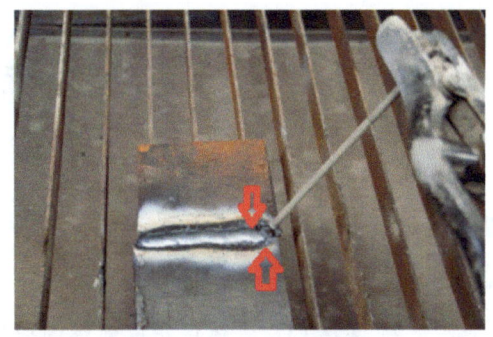
图 7-23 反复断弧收尾

操作要领：手持面罩，看准引弧位置，用面罩挡着面部，将焊条端部对准引弧处，用划擦法或直击法引弧，迅速而适当地提起焊条，形成电弧。

（8）调试电流

1) 看飞溅。当电流过大时，电弧吹力大，可看到较大颗粒的铁液向熔池外飞溅，焊接时爆裂声大；电流过小时，电弧吹力小，熔渣和铁液不易分清。

2) 看焊缝成形。当电流过大时，熔深大，焊缝余高低，两侧易产生咬边；当电流过小时，焊缝窄而高，熔深浅，且两侧与母材金属熔合不好；当电流适中时焊缝两侧与母材金属熔合得很好，呈圆滑过渡。

3) 看焊条熔化状况。当电流过大，焊条熔化了大半截时，其余部分均已发红；当电流过小时，电弧燃烧不稳定，焊条易粘在焊件上。图 7-25 所示为调试电流。

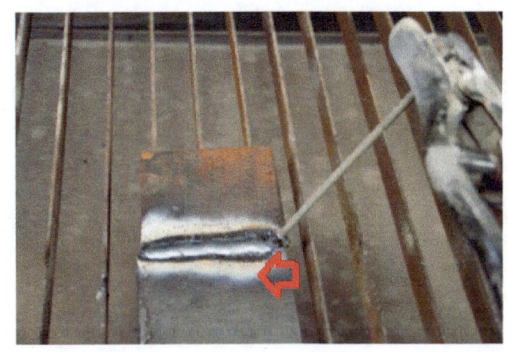
图 7-24 回焊收尾

图 7-25 调试电流

课后习题

1. 电弧焊接的空间位置有哪些？
2. 电弧焊焊接缺陷有哪些？如何防止？
3. 焊条电弧焊运条时有哪几个关键动作？

课题二　气体保护电弧焊

学习目标

1. 掌握 CO_2 气体保护电弧焊焊接的基本知识。
2. 掌握 CO_2 气体保护电弧焊的操作技能。

知识准备

1. CO_2 气体保护电弧焊的焊接基本知识及安全操作规程

（1）定义　用外加气体作为电弧介质并保护电弧和焊接区的电弧焊称为气体保护电弧焊，简称气体保护焊。

（2）常用的保护气体　二氧化碳气（CO_2）、氩气（Ar）、氦气（He）及它们的混合气体：CO_2 + Ar 、CO_2 + Ar + He 等。

（3）CO_2 气体保护电弧焊的工作原理　CO_2 气体保护电弧焊是使用焊丝经送丝轮通过送丝软管送到焊枪，经导电嘴导电，在 CO_2 气氛中与母材之间产生电弧，靠电弧热量进行焊接。

（4）CO_2 气体保护电弧焊安全操作规程

1）按标准穿好劳保用品。

2）CO_2 气瓶应可靠固定，检查 CO_2 气体减压阀和流量计安全可靠。图 7-26 所示为 CO_2 气体减压阀和流量计。

3）焊机机壳搭铁良好。

4）焊枪的喷嘴与导电部件的绝缘应良好，导电嘴和焊丝的接触应可靠；送丝机构、减速箱的润滑应良好。图 7-27 所示为焊枪的喷嘴。

图 7-26　CO_2 气体减压阀和流量计

图 7-27　焊枪的喷嘴

5）当施焊人员合电焊机开关时，应戴干燥的绝缘手套。图 7-28 所示为绝缘手套。

6）作业结束后，断开电源，清理卫生。

2. CO_2 气体保护电弧焊设备及辅助工具的使用

（1）CO_2 气体保护电弧焊焊机与焊丝　图7-29所示为 CO_2 气体焊丝。

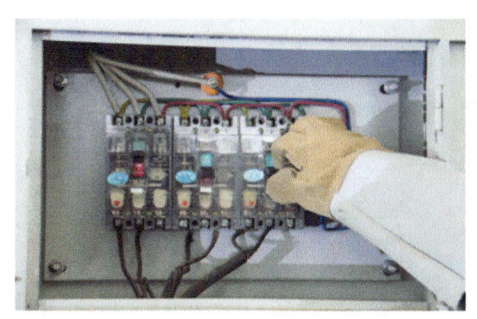

图7-28　绝缘手套　　　　　　　　　图7-29　CO_2 气体焊丝

（2）CO_2 气体保护电弧焊设备的组成　CO_2 焊设备由焊接电源、送丝机构、焊枪、供气系统和控制系统组成。图7-30所示为送丝机构。

3. CO_2 气体保护电弧焊的焊接工艺

（1）焊枪操作基础　在焊接过程中，焊枪的高度（干伸长度）和角度，自始至终保持一致。

当小于300A时：

$$L=(10\sim15)\text{倍焊丝直径}$$

当大于300A时：

$$L=(10\sim15)\text{倍焊丝直径}+5mm$$

（2）收弧处理 CO_2 气体保护电弧焊　当大电流焊接结束时会在焊缝尾端产生弧坑，从而产生裂纹等焊接缺陷，为保障焊接质量应进行收弧处理。图7-31所示为收弧处理。

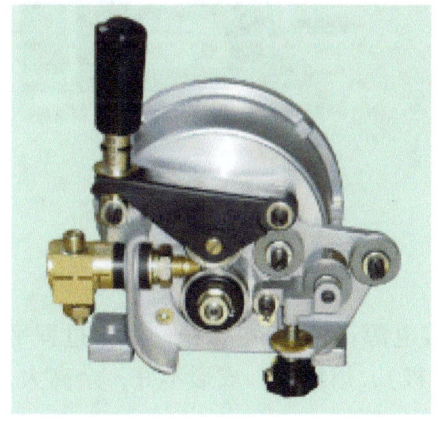

图7-30　送丝机构　　　　　　　　　图7-31　收弧处理

（3）薄板水平角焊　当薄板水平角焊时，焊丝指向焊缝。图 7-32 所示为水平角焊。

（4）焊接缺陷　图 7-33 所示为焊缝形状缺陷。

图 7-32　水平角焊

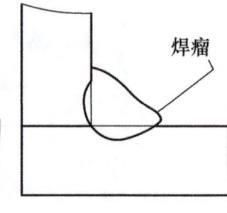

图 7-33　焊缝形状缺陷

4. CO_2 气体保护电弧焊的焊接参数

（1）气体　为了使保护焊接部位母材与焊丝不被氧化，同时还要让里面的有害气体跑出来。一般用 $CO_2 + Ar$。

（2）焊丝　用焊丝填充母材之间的间隙，焊丝要符合国家标准。

（3）干伸长度　干伸长度是指焊丝从导电嘴到焊丝端头的距离，图 7-34 所示为干伸长度。

（4）焊接电流的调整　焊接电流的调整如图 7-35 所示。

图 7-34　干伸长度

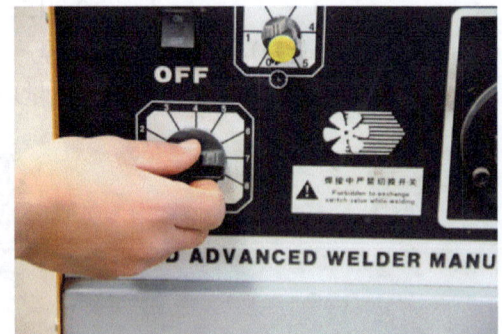

图 7-35　焊接电流的调整

（5）送丝速度　送丝速度如图 7-36 所示。

（6）电源极性　反极性（焊件接电源负极、电极接电源正极），电弧稳，焊接过程平稳，飞溅小。正极性（焊件接电源正极、电极接电源负极），熔深浅，成形不好，余高大，飞溅大，焊丝熔化快。

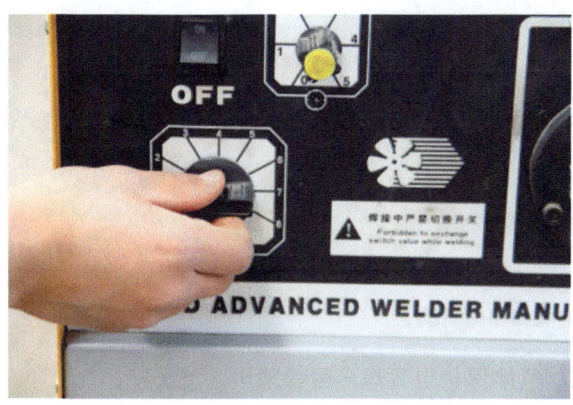

图 7-36 送丝速度

技能训练

一、CO_2 气体保护电弧焊操作

1. 准备工作

1) 认真熟悉焊接有关图样,弄清焊接位置和技术要求。

2) 焊前清理。

3) 检查设备。

4) 气路检查。CO_2 气体气路系统包括 CO_2 气瓶、预热器、干燥器、减压阀、电磁气阀和流量计。

2. 焊接工艺

(1) 焊接电流和电弧电压 当短路过渡焊接时,焊接电流和电弧电压周期性也变化。电流和电压表上的数值是其有效值,而不是瞬时值,一定的焊丝直径具有一定的电流调节范围。图 7-37 所示为电流和电压表上的数值。

(2) 焊丝伸出长度 焊丝伸出长度是指导电嘴端面至工件的距离。由于 CO_2 焊时选用焊丝较细,焊接电流流经此段所产生的电阻热对焊接过程有很大影响。生产经验表明,合适的伸出长度应为焊丝直径的 10~20 倍,一般在 5~15mm 范围内。图 7-38 所示为焊丝伸出长度。

(3) 气体流量 当电流小时,气体流量通常为 5~15L/min;当电流大时,气体流量通常为 10~20L/min,并不是流量越大保护效果越好。图 7-39 所示为气体流量。

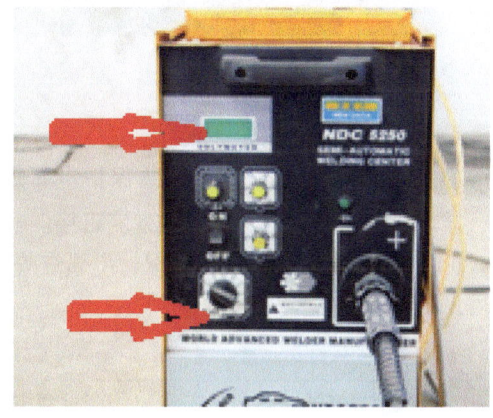

图 7-37 电流和电压表上的数值

图7-38 焊丝伸出长度

图7-39 气体流量

(4) 电源极性　CO_2 气体保护电弧焊一般都采用直流反接,飞溅小,电弧稳定,成形好。

(5) CO_2 气体保护电弧焊枪　CO_2 气体保护电弧焊枪尺寸较大(与焊条电弧焊焊钳相比),焊枪重量较重(焊枪加送丝软管),因此想要焊接出一条优质的 CO_2 气体保护电弧焊焊缝,就需要左右双手配合做出稳定协调的组合动作来完成(在进行平焊位大参数堆焊的情况下使用单手也可完成操作)。图7-40 所示为焊枪尺寸。

3. 焊法

当 CO_2 气体保护电弧焊操作者右手握焊枪时,由右至左方向焊接,焊枪喷嘴与焊接方向成钝角($>90°$)称为左向焊法;由左至右方向焊接,焊枪喷嘴与焊接方向成锐角($<90°$)称为右向焊法。当 CO_2 气体保护电弧焊操作时,采用左向焊法操作者具有清晰的视线,焊缝成形较右向焊法平滑,因此应以左向焊法为主进行操作。图7-41 所示为 CO_2 气体保护电弧焊接。

图7-40 焊枪尺寸

图7-41 CO_2 气体保护电弧焊接

4. 焊接参数的选择

(1) 电源极性　当 CO_2 气体保护电弧焊焊接一般材料时,采用直流反接;在进行高速焊接、堆焊和铸铁补焊时,应采用直流正接。

(2) 焊接电流和 CO_2 气体保护电弧焊焊丝直径　焊接电流和 CO_2 气体保护电弧焊焊丝直径选用见表7-5。

表7-5 焊接电流和 CO_2 气体保护电弧焊焊丝直径选用

母材厚度/mm	焊接电流/A	选用焊丝直径/mm
≤4	30~180	$\phi 0.5 \sim \phi 1.2$
>4	80~350	$\phi 1.0 \sim \phi 1.6$

5. 练习方法

1) 双手抓握焊枪。
2) 保持适当的焊丝伸出长度。
3) 保持正确的焊枪角度，图 7-42 所示为正确的焊枪角度。
4) 进行焊接参数的选择和配比。

图 7-42　正确的焊枪角度

操作要领如下：

练习者预置好焊接电流和电弧电压后，即可在平板上进行直线和横向摆动的堆敷焊接。引弧前，操作者上身向左倾斜，头向左侧偏转。持焊枪的右手肘部应高高抬起，同时手腕下压，左手虎口轻托焊枪后部。

电弧引燃后，操作者的视线从焊接电弧一侧成 45°～70°视角观察焊接电弧和焊接熔池，同时在焊接过程中始终保持适当的焊丝伸出长度（一般 ϕ1.2mm 焊丝伸出长度为 15～20mm）。

二、实芯焊丝 CO_2 气体保护电弧焊 T 形接头平焊位置操作训练

（1）练习内容　板件 T 形接头平焊位，CO_2 气体保护电弧焊实芯焊丝进行直线和斜三角摆动焊接。

（2）练习方法

1) 双手抓握焊枪。
2) 保持焊丝伸出长度匀速变化。
3) 保持正确的横向和纵向焊枪角度。
4) 进行焊接参数的选择和配比。图 7-43 所示为参数的选择和配比。

（3）工件规格　工件规格为 8～12mm 厚度的碳钢板件。

（4）焊丝规格　焊丝规格为 ER50-6 实芯 ϕ1.2mm。

（5）焊接电流　焊接电流为 140～160A。

操作要领如下：

板件 T 形接头平焊位 CO_2 气体保护电弧焊实芯

图 7-43　参数的选择和配比

焊丝焊接时，一般采用左向焊法。焊接时根据板件厚度的不同，采用直线和斜三角摆动两种运弧方法焊接。当板件较薄时，一般要求单层角焊缝焊脚高度在 6mm 以下的使用直线焊接；当板件较厚时，一般要求单层角焊缝焊脚高度在 6～10mm 使用斜锯齿摆动方法焊接。图 7-44 所示为板件 T 形接头平焊。

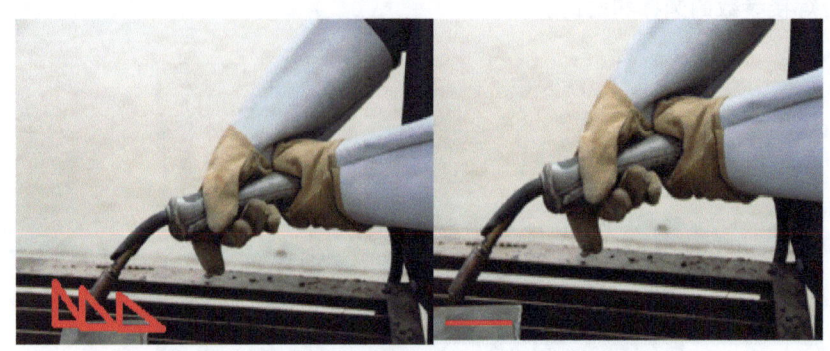

图 7-44　板件 T 形接头平焊

课后习题

1. CO_2 气体保护电弧焊的焊接参数有哪些？
2. CO_2 气体保护电弧焊焊接薄板的操作要领有哪些？

课题三　电阻焊

学习目标

1. 掌握电阻焊焊接的基本知识。
2. 掌握电阻焊的操作技能。

1. 电阻焊的定义

电阻焊是将工件组合后通过电极施加压力，利用电流通过接头的接触面及邻近区域产生的电阻热进行焊接的方法。

2. 电阻焊机的维护与安全使用

1) 焊工戴帆布手套及围身进行操作，以免被金属溅沫烫伤。
2) 经常检查搭铁螺钉及搭铁线，保持机壳良好搭铁。
3) 当焊机调节和检修时，应在切断电源后进行。
4) 电极触头需保持光洁，必要时可用细锉或细砂纸修磨。

5）电源通断器的触头，必须定期修整，保持清洁，使接触可靠，必要时应更换触头。

6）施焊时，焊机外罩板应装妥，防止电火花及金属飞溅物溅入焊机内部，损坏机件，影响使用。

7）焊后清除杂物及金属溅沫。

8）停焊后必须拉下电源。

3. 点焊设备

点焊设备包括：供电系统（变压器和二次回路）、焊具部分（机臂、电极夹持器、电极）、加压机构（气压、液压等）、冷却系统和机体等。

4. 电阻焊焊接电流

焊接电流取决于焊件的性质、厚度与接触表面的情况。通常金属导电率越好，电极压力越大，焊接时间应越短，此时的电流大。图7-45所示为电阻焊焊接。

5. 电阻焊焊接时间

在焊接低碳钢时，可利用强规范焊接法（瞬间通电）或弱规范焊接法（长时通电）。在大量生产时，应采用强规范焊接法，它能提高生产率，减少电能消耗及减轻变形。强规范焊接时，焊接时间为0.2~1.5s。弱规范焊接时时间不大于30s。图7-46所示为焊接时间调节。

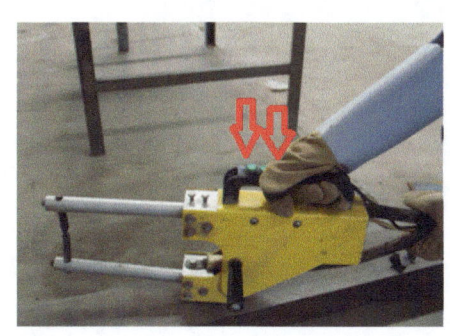

图7-45 电阻焊焊接

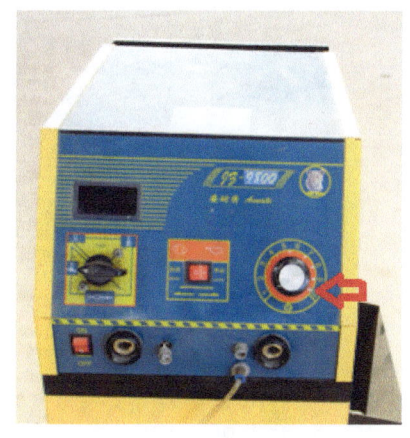

图7-46 焊接时间调节

6. 电阻焊焊接电极压力

电极对焊件施加压力的目的是保持焊件间有一定的接触电阻，减少分流现象，保证焊点的强度与紧密程度。图7-47所示为对焊件施加压力。

7. 电阻焊焊极形状及尺寸

电极最好使用铬锆铜制成，也可用铬铝青铜制成或冷硬纯铜制成，电极接触面的直径大致如下：

当 $\delta \leq 1.5$mm 时，电极接触面直径 $2\delta + 3$mm。

当 $\delta \geq 2.0$mm 时，电极接触面直径 $1.5\delta + 5$mm。

电极的直径不宜过小，以免引起过度的发热及迅速磨损。图7-48所示为电阻焊焊极形状及尺寸。

图7-47 对焊件施加压力

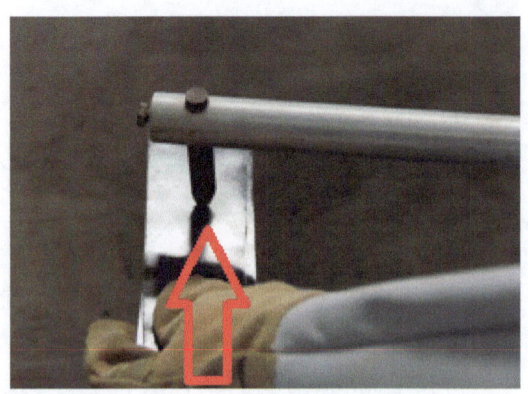

图7-48 电阻焊焊极形状及尺寸

8. 电阻焊焊点的布置

焊点的距离越小，电流的分流现象越大，且使点焊处压力越小。图7-49所示为焊点的布置。

图7-49 焊点的布置

技能训练

车身钣金件电阻焊的操作步骤如下：

1. 焊前准备

对操作人员进行安全教育和安全培训，使操作人员具备电阻焊的安全知识。操作人员在焊接工作之前必须进行劳动保护。

2. 焊接材料处理

1）焊接材料表面间隙消除。图7-50所示为间隙消除。

2）焊接材料表面要除污。焊前均需对焊件表面进行清理，清理方法可有两类：机械法清理

（主要有喷砂、刷光、抛光及磨光）和化学清理。图7-51所示为表面除污。

图7-50　间隙消除

图7-51　表面除污

3. 电阻焊机调整

焊接时应先调节电极臂的位置，使电极刚压至焊件表面时，电极臂保持相互平行，调整合适的工作行程。根据焊件厚度与材料性质，选择分级开关的档位。电极压力的大小，可旋转调整。图7-52所示为电极施压。

图7-52　电极施压

4. 电阻焊焊接接头设计

电阻焊焊接接头通常采用搭接接头或折边接头。接头可以由两个或两个以上等厚度或不等厚度，相同材料或不相同材料的零件组成，焊点数量可为单点或多点。在电极可达性良好的条件下，设计接头主要尺寸。接头的最小搭接量见表7-6。

5. 焊接定位

焊接定位是为了焊接时工件不易移位，保持设计要求而采取的固定方式。通常用大力钳固定。图7-53所示为焊接定位。

表 7-6　接头的最小搭接量　　　　　　　　　（单位：mm）

最薄板件厚度	单排焊点的最小搭接量			双排焊点的最小搭接量		
	结构钢	不锈钢及高温合金	轻合金	结构钢	不锈钢及高温合金	轻合金
0.5	8	6	12	16	14	22
0.8	9	7	12	18	16	22
1.0	10	8	14	20	18	24
1.2	11	9	14	22	20	26
1.5	12	10	16	24	22	30
2.0	14	12	20	28	26	34
2.5	16	14	24	32	30	40
3.0	18	16	26	36	34	46
3.5	20	18	28	40	38	48
4.0	22	20	30	42	40	50

6. 试焊

电阻焊机的操作比较简单，进行焊接时工作人员必须手握焊枪，使电极头与车身焊接部位接触，然后通过加压机构加压，最后通电，调整焊接参数，达到最佳焊接效果。图 7-54 所示为电阻焊机焊接。

图 7-53　焊接定位

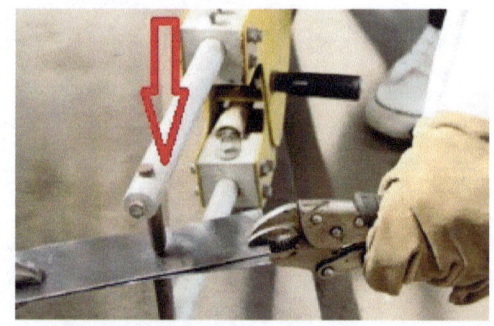

图 7-54　电阻焊机焊接

7. 焊接作业

对一般工件的焊接，用试件焊接一定数量后，经目视检查应无过深的压痕、裂纹和过烧。再经撕破试验检查焊核直径合格且均匀即可正式进行焊接工件。图 7-55 所示为工件焊接。

8. 焊接质量检验

（1）凿裂试验　通过用錾子强迫砸入焊缝中，判断焊点是否开焊或裂纹，齿裂试验方法如图 7-56 所示。

（2）凿入深度及规范　以錾子头部距离焊点 10～15mm，凿入至焊点焊接末端为准，如图 7-57 所示。

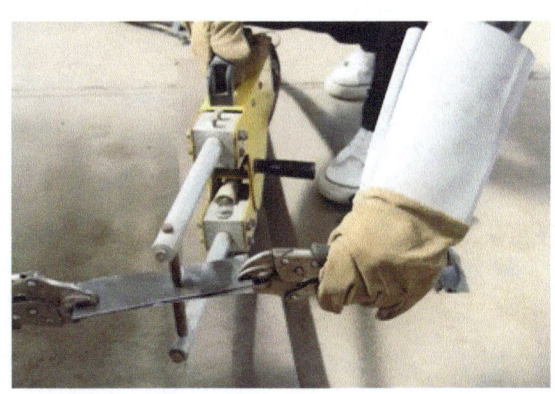

图 7-55 工件焊接

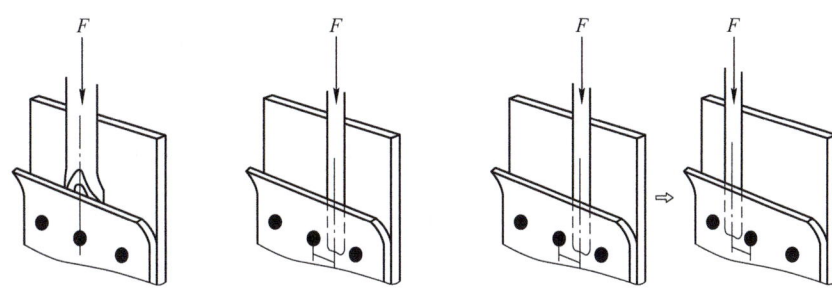

图 7-56 凿裂试验方法

9. 焊接缺陷及原因

（1）焊点被烧穿 焊接电流过大，电极压力不足，工件厚度、材质差异过大，工件或电极污物过多，电极头接触不良，被焊金属本身缺陷。

（2）焊接时飞溅 焊接电流过大，电极压力不足，电极头冷却不良，工件或电极污物过多，工件厚度、材质差异过大。

（3）焊点压痕过大 焊接电流过大，电极压力过大，电极端面直径过小或端面变形，上、下电极未对准或端面不平行。

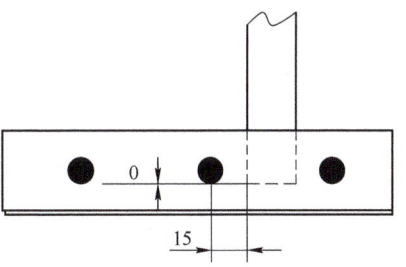

图 7-57 凿入深度尺寸

（4）焊点过小或强度不够 焊接电流太小，电极压力过大，焊接时间过短，工件或电极污物过多，焊接回路接触不良，工件厚度、材质差异过大。

（5）焊点有烧痕或划痕 焊接电流过大，电极压力过小，被焊金属本身缺陷，电极端面污物过多，电极头冷却不良，电极端面修磨粗糙。

（6）焊点有裂纹 焊接电流过大，电极压力过小，被焊金属本身缺陷，工件表面污物过多，上、下电极未对准，焊机调整不当。

课后习题

1. 电阻焊机在使用中注意哪些方面？
2. 电阻点焊机包括哪几部分？
3. 如何调整点焊的焊接压力、电流和通电时间？
4. 电阻焊常见的焊接缺陷有哪些？缺陷产生的原因有哪些？

 单元小结

　　本单元通过对焊接的劳动安全防护、焊接设备及辅助工具使用方法的学习，要求熟练掌握正确的焊接方法；从原理上理解焊接工艺，能对焊接缺陷进行科学的分析并避免焊接缺陷。

参 考 文 献

[1] 中国机械工程学会焊接学会. 焊接手册 第2卷 材料的焊接 [M]. 北京：机械工业出版社，2001.
[2] 李远军. 汽车车身焊接技术 [M]. 北京：人民交通出版社，2008.
[3] 尹相坤. 焊接技术应用 [M]. 北京：高等教育出版社，2009.
[4] 陈均. 汽车钣金 [M]. 北京：电子工业出版社，2005.
[5] 谢康. 汽车钣金工艺 [M]. 北京：人民交通出版社，2012.